INSTRUCTIONS

AUX

ADMINISTRATEURS ET CHEFS DE POSTE

EN SERVICE A LA COTE D'IVOIRE

sur

LEURS POUVOIRS DE RÉPRESSION EN MATIÈRE INDIGÈNE

ET LEURS FONCTIONS D'OFFICIERS DE POLICE JUDICIAIRE,

AUXILIAIRES DU JUGE DE PAIX A COMPÉTENCE ÉTENDUE

par

Roger VILLAMUR

ANCIEN AVOCAT A LA COUR D'APPEL DE PARIS
ADMINISTRATEUR ADJOINT DES COLONIES
JUGE DE PAIX A COMPÉTENCE ÉTENDUE DE LA COTE D'IVOIRE

PARIS

HENRI CHARLES-LAVAUZELLE

Éditeur militaire

118, Boulevard Saint-Germain, Rue Danton, 10

(MÊME MAISON A LIMOGES)

INSTRUCTIONS

AUX

ADMINISTRATEURS ET CHEFS DE POSTE

EN SERVICE A LA COTE D'IVOIRE

INSTRUCTIONS

AUX

ADMINISTRATEURS ET CHEFS DE POSTE

EN SERVICE A LA COTE D'IVOIRE

sur

LEURS POUVOIRS DE RÉPRESSION EN MATIÈRE INDIGÈNE

ET LEURS FONCTIONS D'OFFICIERS DE POLICE JUDICIAIRE,

AUXILIAIRES DU JUGE DE PAIX A COMPÉTENCE ÉTENDUE

par

Roger VILLAMUR

ANCIEN AVOCAT A LA COUR D'APPEL DE PARIS

ADMINISTRATEUR ADJOINT DES COLONIES

JUGE DE PAIX A COMPÉTENCE ÉTENDUE DE LA COTE D'IVOIRE

PARIS

HENRI CHARLES-LAVAUZELLE

Éditeur militaire

118, Boulevard Saint-Germain, Rue Danton, 10

—

(MÊME MAISON A LIMOGES)

AVANT-PROPOS

L'organisation judiciaire est, à quelques particularités près, dans nos colonies de la Guinée, de la Côte d'Ivoire, du Dahomey et du Congo, basée sur les mêmes principes.

Le tribunal d'appel, qui est aussi juridiction criminelle, est présidé là par le gouverneur, ici par un magistrat de carrière.

A la tête du tribunal du premier degré est un juge de paix à compétence étendue, choisi, sauf à Libreville, parmi les fonctionnaires civils ou militaires en service dans le pays.

Les attributions d'officier du ministère public sont, près les deux juridictions, exercées par le commissaire de police du siège.

Des agents désignés par le gouverneur remplissent, au civil et au criminel, les fonctions de greffier et d'huissier.

Enfin, les administrateurs, commandants de cercle, et les chefs de poste sont, dans leurs circonscriptions, officiers de l'état civil et de police judiciaire.

La plupart de ces règles d'organisation ont été inscrites dans le décret du 11 mai 1892, relatif au fonctionnement du service de la justice en la *Guinée française et dépendances* : les divers actes qui, depuis lors, ont touché aux rouages judiciaires du Dahomey, de la Côte d'Ivoire et du Congo ne sont, en effet, que la reproduction, souvent textuelle, du décret de 1892.

Dès notre entrée en fonctions, comme juge de paix à compétence étendue, à Grand-Bassam, en juin 1896, nous avons été amené à constater que cet acte n'avait été l'objet d'aucun commentaire didactique, et qu'un ouvrage spécialement composé à l'usage des magistrats et de leurs divers collaborateurs attachés à nos jeunes possessions de l'Ouest africain répondrait pourtant à un réel besoin.

Sollicité de l'écrire par plusieurs administrateurs des colonies, nous avons longtemps hésité à entreprendre un travail de cette importance.

Nous avons cédé enfin aux invitations de nos collègues et, nous aidant de l'expérience acquise au cours de plusieurs années de fonctions administratives et judiciaires, et aussi des données de certains livres, — entre autres de celui, aujourd'hui épuisé et presque introuvable, qu'en 1888 un magistrat des plus distingués, M. le conseiller Chambaud, publiait sur les administrateurs du Sénégal, — nous nous sommes mis à l'œuvre et nous avons presque terminé un *Essai théorique et pratique sur les attributions des magistrats et des divers auxiliaires de la justice dans les colonies françaises de l'Afrique occidentale.*

Nous avons extrait de ce travail, en les groupant sous le titre d'*Instructions aux administrateurs et chefs de poste, en service à la Côte d'Ivoire, sur leurs pouvoirs de répression en matière indigène, et leurs fonctions d'officiers de police judiciaire auxiliaires du juge de paix à compétence étendue*, et en les adaptant aux besoins particuliers, en l'espèce, de ces deux classes de fonctionnaires, deux chapitres, que nous avons fait suivre des principaux décrets, arrêtés et circulaires, susceptibles de les intéresser.

Avec l'agrément de M. le Gouverneur de la colonie, nous les publions, dans l'espérance qu'ils pourront rendre quelques services à nos collaborateurs judiciaires des cercles et postes du pays. Peut-être même MM. les Administrateurs et Agents des affaires indigènes de la *Guinée*, du *Dahomey* et du *Congo* y trouveront-ils des indications profitables.

Nous ne nous faisons aucune illusion sur le caractère de notre ouvrage, en général, et des présentes *Instructions*, en particulier : il est élémentaire. Force nous a été de laisser de côté bien des questions d'importance, pour l'examen desquelles nous avons renvoyé MM. les Officiers de police judiciaire à des études de longue haleine. Notre ambition exclusive a été de jeter sur le papier des notes propres, le cas échéant, à fournir à ces derniers des directions pour l'accomplissement de leurs fonctions, parfois si délicates, d'auxiliaires de la justice. L'avenir nous apprendra si cette ambition était justifiée et si nous avons fait œuvre utile.

Roger VILLAMUR.

Grand-Bassam, le 7 octobre 1900.

INSTRUCTIONS

AUX

ADMINISTRATEURS ET CHEFS DE POSTE

EN SERVICE A LA COTE D'IVOIRE

Les administrateurs et chefs de poste de la colonie tiennent leurs pouvoirs, en matière pénale, de trois actes spéciaux, qui sont les décrets :

1° Du 22 septembre 1887, déterminant les fonctions des administrateurs coloniaux au Sénégal et dépendances ;

2° Du 30 septembre 1887, relatif à la répression, par voie disciplinaire, des infractions commises par les indigènes non citoyens français ;

3° Du 16 décembre 1896, portant réorganisation du service de la justice à la Côte d'Ivoire.

Les dispositions de ces actes se complètent par celles : 1° de l'ordonnance du 14 février 1838, portant application du Code d'instruction criminelle au Sénégal et dépendances ; 2° du Code pénal métropolitain, rendu applicable dans la colonie du Sénégal par décret du 6 mars 1877 ; 3° de l'arrêté local du 7 septembre 1900, pris pour déterminer les attributions des administrateurs en matière d'indigénat.

Du rapprochement des décrets de 1887 et 1896 et de l'arrêté du 7 septembre 1900, il résulte que les administrateurs ont, au point de vue particulier qui nous occupe, deux sortes d'attributions : ils sont *juges*, et, en cette qualité, ils peuvent prononcer certaines pénalités ; ils sont *magistrats instructeurs*, et, à ce titre, ils sont les auxiliaires du juge de paix à compétence étendue, aux ordres et aux indications de qui, en ce qui concerne leurs fonctions d'officiers de police judiciaire, ils sont tenus de se conformer strictement.

D'où, pour la présente étude, deux divisions indiquées :

I. Des pouvoirs répressifs des administrateurs et chefs de poste.

II. Des fonctions d'officiers de police judiciaire attribuées aux administrateurs et chefs de poste.

CHAPITRE PREMIER

DES POUVOIRS RÉPRESSIFS DES ADMINISTRATEURS ET CHEFS DE POSTE

Le décret du 22 septembre 1887 investit les administrateurs du Sénégal et dépendances, même à l'égard des Européens ou assimilés, des fonctions de juges. Il dispose, en effet, en son article 10 :

ARTICLE 10

En matière de simple police, l'administrateur se saisit directement des affaires...

Il statue sur les contraventions et juge sans l'assistance de greffier ni de ministère public.

En vertu de ce texte, les administrateurs, dans la colonie du Sénégal, ont sur leurs administrés, sans distinction d'origine, des pouvoirs de répression analogues à ceux conférés en France aux tribunaux de simple police. Ces pouvoirs, leurs collègues en service à la Côte d'Ivoire les possèdent-ils dans l'étendue des cercles dont ils ont le commandement? La question, à notre avis, doit être résolue par la négative. Notre opinion est basée sur deux textes, les articles 8 et 11 du décret du 16 décembre 1896, ainsi conçus :

ARTICLE 8

Le tribunal de paix de Grand-Bassam connaît, *en matière de simple police* et de police correctionnelle, lorsque le prévenu est d'origine européenne ou assimilée :

1° En premier et dernier ressort de toutes les contraventions déférées par les lois et règlements aux tribunaux de simple police, lorsque la peine consistera seulement en une amende ou, s'il y a condamnation à l'emprisonnement, lorsque le temps pour lequel cette peine est prononcée n'excédera pas deux mois.

2° En premier ressort seulement et à charge d'appel devant le conseil d'appel, dont il sera parlé plus loin, des délits à l'occasion desquels aura été prononcée une peine supérieure à celles indiquées par le paragraphe précédent.

ARTICLE 11

La compétence territoriale de la justice de paix de Grand-Bassam comprendra toute la Côte d'Ivoire.

Il suit, pour nous, clairement de ces deux articles rapprochés que l'administrateur, à la Côte d'Ivoire, n'est pas qualifié pour infliger des peines aux Européens ou assimilés de son cercle qui ont contrevenu aux lois, décrets, ordonnances, arrêtés ou règlements en vigueur dans cette circonscription. Son rôle, en la matière, doit se borner, le cas échéant, à dresser procès-verbal et à expédier cette pièce au juge de paix à compétence étendue, à qui il appartient de donner à l'affaire telle suite que de droit.

En quelle forme doit être rédigé un procès-verbal de cette nature? Nous n'avons aucune indication particulière à donner sur ce point aux administrateurs ou chefs de poste ; — nous disons *ou chefs de poste* car ceux-ci, dans l'étendue des subdivisions à la tête desquelles ils sont mis, aussi bien que ceux-là, dans l'étendue de leurs cercles, ont, en la qualité d'officiers de police judiciaire, à eux conférée par le décret de 1896, le droit de verbaliser.

Ces deux catégories d'auxiliaires de la justice n'ont qu'à s'inspirer des règles générales régissant la matière, règles que la formule ci-dessous, dont ils pourront s'aider, leur rappellera.

Formule de procès-verbal.

L'an mil neuf cent... et le... du mois de... à... heures du...

Nous (nom et prénoms), administrateur du cercle de... ou chef de poste à..., en résidence habituelle à..., nous trouvant à..., et, conformément à l'article 24 du décret du 16 décembre 1896, relatif à la réorganisation du service de la justice dans la colonie, agissant en qualité d'officier de police judiciaire, auxiliaire de M. le juge de paix à compétence étendue de la Côte d'Ivoire ;

Avons constaté que (relater sommairement les faits, en ayant soin de donner des renseignements précis sur les nom, prénoms, âge, lieu de naissance, profession et domicile du contrevenant) ;

Et vu que le sieur... a ainsi contrevenu aux dispositions de (citer le texte violé), de ce qui précède, avons rédigé le procès-verbal pour être transmis à M. le juge de paix à compétence étendue, présidant le tribunal de Grand-Bassam, et valoir ce que de droit.

(Signature.)

Si les administrateurs ne sont pas, à la Côte d'Ivoire, même en matière de simple police, juges des infractions commises par les Européens ou assimilés, ils conservent, à l'égard des indigènes de leurs cercles, des pouvoirs disciplinaires. Le décret du 16 décembre 1896, en effet, n'a abrogé explicitement ou implicitement aucune des dispositions de celui du 30 septembre 1887 ; et un arrêté récent du gouverneur a précisé, sur ce point, les attributions que possèdent les commandants de cercles en vertu de l'article premier de ce dernier décret.

Nous reproduisons le texte de l'arrêté local :

LE GOUVERNEUR DE LA CÔTE D'IVOIRE,

Vu l'ordonnance organique du 7 septembre 1840, rendue applicable à la Côte d'Ivoire par décret du 10 mars 1893 ;

Vu le décret du 30 septembre 1887, relatif à la répression, par voie disciplinaire, des indigènes du Sénégal et dépendances, non citoyens français ;

Vu le décret du 16 décembre 1896 portant réorganisation du service judiciaire à la Côte d'Ivoire ;

Considérant qu'aucun arrêté n'a été pris jusqu'à ce jour dans la colonie pour déterminer, par application des décrets susvisés, les pouvoirs répressifs des administrateurs à l'égard des indigènes et qu'il importe que cette matière soit réglementée :

ARRÊTE :

ARTICLE PREMIER

Les administrateurs, dans leurs cercles, surveillent l'exercice de la justice rendue par les juridictions indigènes.

Ils sont, en outre, à l'égard de leurs administrés non assimilés aux Européens, investis de pouvoirs répressifs.

ARTICLE II

Les seules peines applicables par les administrateurs, en matière indigène, sont celles de l'emprisonnement et de l'amende.

L'emprisonnement ne doit, en aucun cas, excéder quinze jours, ni l'amende être supérieure à cent francs.

Ces deux peines peuvent être prononcées séparément ou cumulativement.

ARTICLE III

Les décisions rendues par les administrateurs, agissant en vertu de leurs pouvoirs disciplinaires, doivent toujours être motivées et inscrites, à leur date, dans un registre coté et parafé par le juge de paix à compétence étendue de la Côte d'Ivoire.

ARTICLE IV

Les administrateurs, commandants de cercles, sont chargés de l'exécution du présent arrêté, qui sera enregistré et communiqué partout où besoin sera et publié au *Journal* et au *Bulletin officiels* de la colonie.

Grand-Bassam, le 7 septembre 1900.

ROBERDEAU.

Cet acte appelle, sinon de longs commentaires, du moins quelques observations. Nous ferons remarquer, d'abord, que le terme d'*administrateurs* doit être pris dans une large acception et que, par suite, les chefs de poste, qui administrent une subdivision du cercle, sont, à moins qu'ils ne résident auprès de leur chef direct, investis eux aussi des pouvoirs répressifs spéciaux dont l'arrêté du 7 septembre 1900 détermine l'étendue. En second lieu, nous rappellerons à ces fonctionnaires que, si l'article 27 du décret du 16 décembre 1896 a maintenu les juridictions indigènes, tant pour le jugement des affaires civiles entre indigènes que pour la poursuite des contraventions et délits commis par ceux-ci envers leurs congénères, ils devront s'appliquer avec méthode et persévérance à ce que la procédure suivie et les coutumes appliquées dans les palabres ne soient pas en flagrante opposition avec les principes d'humanité et les enseignements du droit naturel : c'est là le rôle de surveillance que leur donne l'article premier de l'arrêté local.

En troisième lieu, nous noterons que l'article II de l'arrêté du 7 septembre 1900 rappelle implicitement aux administrateurs qu'ils n'ont pas le droit d'infliger des châtiments corporels. Ils tiendront d'autant plus à honneur de ne pas recourir à ces sortes de violences qu'elles entachent en matière pénale les civilisations primitives qu'ils ont la mission délicate et souvent difficile d'adoucir, en y faisant, dans une certaine mesure, pénétrer l'esprit de nos institutions et de nos mœurs, et ils s'abstiendront de commettre des actes que la loi réprime avec une sévérité particulière quand ils ont pour auteurs des représentants de l'autorité. Enfin nous recommanderons aux commandants de cercle et à leurs subordonnés de tenir avec un soin tout particulier le registre des décisions disciplinaires dont l'arrêté local leur impose la tenue, de préciser les faits qui ont donné lieu de leur part à des poursuites, et de mentionner exactement les peines prononcées.

Il ne faut pas oublier cependant qu'il s'agit de punitions disciplinaires et non de jugements, que, par conséquent, les mentions portées au registre doivent rester sommaires tout en étant claires et précises.

Formule.

CERCLE DE.....

Par devant l'administrateur de..... (ou le chef de poste de.....),
Statuant en matière indigène en vertu des articles 2 et 3 de l'arrêté du 28 octobre 1900,
Ont comparu les nommés.....

(Exposé sommaire des faits.)

(Décision.)

(Dater et signer.)

Il nous reste, pour terminer le présent chapitre, à dire l'acception dans laquelle doit être pris le terme d'*indigènes* et à donner de rapides indications aux commandants de cercle sur la marche qu'ils ont à suivre, quand les actes dont se sont rendus coupables certains de leurs administrés leur paraissent devoir entraîner des pénalités supérieures à celles qu'ils ont le pouvoir de prononcer.

1° Que faut-il entendre par indigènes, au point de vue particulier qui nous occupe? D'après nous, non seulement les autochtones qui n'ont pas acquis la qualité de citoyens français par la naturalisation, mais encore les diverses personnes de couleur, qui, venues de régions voisines ou même de contrées étrangères, telles que la *Gold Coast* ou la colonie de *Sierra-Leone*, ne possèdent pas, dans leurs pays d'origine, l'assimilation européenne. Ainsi cette catégorie d'individus, aussi bien que les autochtones, sont soumis aux dispositions du décret de 1887 et de l'arrêté de 1900.

2° Qu'ont à faire les administrateurs lorsqu'un indigène ou assimilé de leur cercle a commis des actes qui, sans être de la compétence des tribunaux répressifs constitués au chef-lieu, leur semblent devoir provoquer des peines supérieures au maximum prévu par les textes précités? La réponse à cette question nous est donnée par l'article 4 du décret du 30 septembre 1887, ainsi conçu :

ARTICLE 4

L'internement des indigènes non citoyens français et de ceux qui leur sont assimilés, ainsi que le séquestre de leurs biens, peuvent être ordonnés par le gouverneur en conseil privé.

Les arrêtés rendus à cet effet sont soumis à l'approbation du ministre de la marine et des colonies. Ils sont provisoirement exécutoires.

Par déduction de ce texte, dans le cas où des indigènes de son cercle se seront rendus coupables de faits d'une certaine gravité, l'administrateur n'a qu'à porter ces faits à la connaissance du gouverneur et, au besoin, à diriger les délinquants sur Grand-Bassam, en les faisant accompagner des procès-verbaux d'enquête. Au chef de la colonie appartient le droit de statuer.

CHAPITRE II

DES FONCTIONS D'OFFICIERS DE POLICE JUDICIAIRE ATTRIBUÉES AUX ADMINISTRATEURS ET CHEFS DE POSTE

L'article 8 du Code d'instruction criminelle définit en ces termes la police judiciaire : « Elle « recherche les crimes, les délits et les contra- « ventions, en rassemble les preuves et en livre « les auteurs aux tribunaux chargés de les pu- « nir. » Cet article, qui reproduit sous une forme plus concise la définition du Code du 3 brumaire an IV, a donné lieu à de nombreux commentaires. Nous n'entrerons pas en de longs détails doctrinaux à son sujet. Nous nous contenterons de reproduire les lignes qu'il a jadis inspirées à un éminent magistrat de la métropole :

« Dès qu'un fait dénoncé par les voies légales « a les apparences d'un crime ou d'un délit, la « police judiciaire doit s'en saisir et commencer « immédiatement ses investigations.

« Si la justice ne peut condamner que pour une

« infraction prouvée, il suffit à la police judi-
« ciaire qu'une infraction soit probable, ou seu-
« lement possible, dans le fait dénoncé, pour ex-
« citer sa sollicitude et son action.....

« La police judiciaire enregistre les faits pu-
« nissables, à quelque juridiction qu'ils appar-
« tiennent, ordinaire ou extraordinaire, sauf à
« transmettre immédiatement les procédures à
« qui de droit ; elle doit, en opérant dans le cer-
« cle de ses attributions, connaître, prévoir et
« constater tout ce qu'il importera de savoir aux
« juges qui prononceront sur la réalité et la mo-
« ralité des faits incriminés. Elle doit donc envi-
« sager ces faits sous toutes leurs faces et dans
« tous leurs rapports ; rien de ce qui est utile à
« découvrir, à consigner dans l'instruction ne
« doit échapper à sa vigilance et à sa sagacité :
« les détails les plus minutieux, s'ils ont la moin-
« dre importance, et les circonstances, en appa-
« rence les plus futiles, si elles peuvent jeter
« quelques lumières sur le procès ou exercer une
« influence quelconque sur le jugement, doivent
« être par elle relevés et constatés avec soin.

« Exempt de passion comme la loi, l'officier de
« police judiciaire ne doit écouter ni les excita-

« tions de la haine, ni les séductions de l'amitié,
« ni l'esprit de parti. Impassible dans l'accom-
« plissement de ses devoirs, inaccessible à la
« crainte comme à la faveur, sans dureté comme
« sans faiblesse, il ne doit jamais dévier de la
« ligne qu'une conscience droite lui aura tra-
« cée (1). »

Officiers de police judiciaire, les administrateurs et chefs de poste en service à la Côte d'I-
voire sont, dans leurs circonscriptions, avons-
nous dit plus haut, les auxiliaires immédiats du
juge de paix à compétence étendue. L'article 13
du décret du 22 septembre 1887, article qui n'a
pas été abrogé par le décret du 16 décembre
1896, dit, en effet :

ARTICLE 13

Les administrateurs sont placés, en ce qui concerne leurs attributions judiciaires, sous les ordres immédiats du chef du service judiciaire. Ils
sont tenus de déférer à ses ordres et de se conformer à ses instructions pour tout ce qui concerne cette partie de leurs attributions.

---

(1) J.-E. Allain : *Manuel encyclopédique des juges de paix*,
livre IV, chap. 1er. Marchal et Billard, éditeurs.

Ils devront, par exception, porter à la connaissance du gouverneur les crimes ou délits qui seraient de nature à troubler la paix publique ou
qui pourraient influer sur nos rapports avec les
pays voisins.

Quant aux pouvoirs des administrateurs et
chefs de poste, pris en qualité d'auxiliaires de la
justice répressive, ils sont déterminés par les articles 24, 25 et 26 du décret de 1896, que nous reproduisons :

Article 24

Les administrateurs, résidents ou chefs de poste
sont officiers de police judiciaire.

Ils peuvent procéder à l'arrestation du délinquant, en cas de crime ou de flagrant délit.

Article 25

Toutes les fois qu'un indigène de leur ressort
se sera rendu coupable d'un crime ou d'un délit
nécessitant une instruction, ils pourront, sans
attendre une réquisition du magistrat compétent,
se livrer à cette instruction et détenir les prévenus pendant tout le temps de sa durée.

Article 26

L'instruction terminée, ils dirigeront, s'il y a lieu, le prévenu sur le tribunal correctionnel de Grand-Bassam, en le faisant accompagner des pièces de l'enquête.

S'ils jugent qu'il n'y a ni crime, ni délit, ils mettront le prévenu en liberté, sans pouvoir pour cela rendre une ordonnance de non-lieu. Les pièces de l'instruction seront envoyées au juge de paix, qui, suivant les circonstances, classera l'affaire, demandera un supplément d'enquête, prononcera le renvoi du prévenu devant le tribunal correctionnel ou en fera saisir le tribunal criminel.

Ces divers textes, dont les officiers de police judiciaire de la colonie devront constamment s'inspirer dans leur procédure d'information, leur tracent la voie en laquelle ils doivent s'engager, lorsqu'un crime ou un délit vient d'être commis dans leur ressort. Ces articles se complètent, comme on le sait, par les dispositions générales de l'ordonnance du 14 février 1838, relatives aux divers auxiliaires des tribunaux de répression, et par les dispositions spéciales du décret du 22 septembre 1887.

Cela posé, abordons le détail des explications que comporte la matière.

Point de distinction, en ce qui a trait aux crimes, entre la flagrance et la non flagrance. Administrateur ou chef de poste n'a pas d'ordres à attendre du juge de paix à compétence étendue. Il peut procéder à l'arrestation du prévenu, contre qui il existe des indices ou des présomptions graves, et accomplir les divers actes de la procédure d'instruction. Il agit ainsi non seulement envers les prévenus indigènes, mais encore à l'égard de ceux d'origine européenne ou assimilée. Nous engageons, cependant, les administrateurs et chefs de poste reliés télégraphiquement à Grand-Bassam à aviser immédiatement le chef du service judiciaire des faits qui viennent de se produire dans leur ressort.

En matière de délits, l'article 25 du décret de 1896 nous paraît devoir être interprété comme suit :

Si les délits sont flagrants, l'officier de police n'a pas à distinguer, au point de vue de la procédure à suivre, entre l'agent européen et l'agent indigène : l'un aussi bien que l'autre peut être mis en état d'arrestation et les actes d'information, auxquels il est procédé, sont les mêmes à l'endroit de ces deux classes d'individus. Si l'officier de police se trouve en présence d'un délit non flagrant, il doit, en ce qui touche du mode de procéder, distinguer entre l'agent européen et l'agent indigène. Dans le cas où il a affaire à des prévenus européens ou assimilés, il donne, aussi rapidement que possible, avis des délits au juge de paix à compétence étendue et il transmet à ce magistrat tous les renseignements, procès-verbaux et actes qui y sont relatifs. Il attend des directions, et ce sans pouvoir incarcérer de sa propre autorité les délinquants. Dans l'hypothèse où les prévenus sont indigènes, on agit comme en matière de crimes : l'administrateur ou le chef de poste les fait arrêter ; il instruit les affaires sans attendre de réquisitions du juge de paix et il détient les prévenus pendant toute la durée de l'information ; puis il dirige ces derniers, s'il y a lieu, sur Grand-Bassam, en les faisant suivre des pièces de l'enquête. Disons, au sujet de ces pièces, qu'il y a, au double point de vue d'une bonne administration de la justice et des responsabilités que peuvent encourir les officiers de police judiciaire, un intérêt considérable à ce qu'elles soient aussi fournies de détails que possible et à ce que, comme le veut d'ailleurs le décret de 1896, elles *accompagnent* les prévenus.

Nous devons rechercher maintenant quel est, pour l'application des règles qui viennent d'être exposées, le critérium auquel on reconnaît un délit flagrant d'un délit non flagrant.

L'article 41 du Code d'instruction criminelle définit de la façon suivante le flagrant délit, — ce terme de *délit* étant pris dans l'acception la plus large et comprenant tout aussi bien les infractions de la compétence des tribunaux criminels que celles dont la connaissance est attribuée à la justice correctionnelle : « Le délit qui se commet « actuellement ou qui vient de se commettre est « un flagrant délit. Seront aussi réputés flagrants « délits le cas où le prévenu est poursuivi par la « clameur publique, et celui où le prévenu est « trouvé saisi d'effets, armes, instruments ou « papiers faisant présumer qu'il est auteur ou « complice, pourvu que ce soit dans un temps « voisin du délit. »

Cette distinction de l'infraction flagrante et de l'infraction non flagrante, inscrite dans la loi, ne

présente vraiment d'intérêt que pour la détermina-
tion des pouvoirs propres des magistrats à qui
incombe le soin de la poursuite, et de ceux spécialement chargés de l'instruction. Simple, en matière de flagrant délit, la procédure est assez com-
pliquée en matière de délit non flagrant. Les officiers de police judiciaire des cercles et postes de
la colonie n'auront guère à s'inquiéter de la distinction faite par le Code d'instruction criminelle,
car il leur sera presque toujours loisible d'agir
comme si les faits délictueux à instruire étaient
flagrants.

« Le juge, écrit M. R. Garraud en son *Précis*
« *de droit criminel*, ouvrage où les officiers de po-
« lice judiciaire de la colonie trouveront non seu-
« lement l'exposé méthodique et clair de notre
« législation pénale, mais encore de très utiles in-
« dications sur la marche à suivre pour les cas
« spéciaux, dans l'examen desquels le caractère
« succinct des présentes instructions ne nous per-
« met pas d'entrer, le juge a la faculté d'apprécier
« s'il doit ou non suivre l'assimilation que fait l'ar-
« ticle 41 de situations plus ou moins voisines avec
« le véritable état de flagrant délit. En effet, dans
« le sens naturel du mot, un délit n'est *flagrant*

« qu'au moment où il se commet. Si, au lieu de
« se commettre actuellement, le délit vient à peine
« de se commettre, on ne peut pas dire, sans
« doute, qu'il soit flagrant, mais il l'est pres-
« que, puisqu'il en reste des traces encore chau-
« des ; et l'on comprend que cette situation puisse
« être, à presque tous égards, assimilée à la
« première. Mais les cas de *quasi-flagrance*, qui
« résultent de cette double circonstance : — *a)*
« que le prévenu est poursuivi par la clameur pu-
« blique ou est trouvé saisi d'effets, armes ou pa-
« piers faisant présumer qu'il est l'auteur du
« délit, *b)* et cela dans un temps voisin du délit, —
« ces cas, dis-je, sont distincts de la *flagrance*
« proprement dite, et ne doivent, en principe, y
« être compris que pour l'application des règles
« de procédure qui gouvernent l'instruction cri-
« minelle ou correctionnelle (1). »

Ces explications fournies, nous avons, avant
d'exposer les diverses phases des actes d'instruction judiciaire auxquels les officiers de police
peuvent être appelés à procéder, à leur rappeler

---

(1) R. Garraud, *Précis de droit criminel*, livre Ier, titre Ier,
§ III. L. Larose, éditeur.

ce qu'il faut entendre par *crimes* et par *délits*. Les crimes sont les actes qui sont de la compétence des cours d'assises et sont susceptibles de donner lieu à l'application des peines principales suivantes : la mort, les travaux forcés à perpétuité, la déportation dans une enceinte fortifiée, la déportation simple, les travaux forcés à temps, la réclusion, la détention, le bannissement. Les délits sont les actes dont la connaissance appartient aux tribunaux correctionnels et qui sont de nature à donner lieu à l'emprisonnement au delà de cinq jours et à l'amende au delà de quinze francs, sans préjudice de certaines peines accessoires. Pour ce qui est des divers faits susceptibles d'entraîner des peines de l'une ou l'autre catégorie, nous ne les exposons pas. Nous renvoyons les administrateurs et chefs de poste à la lecture du Code pénal. Et nous saisissons l'occasion de ce renvoi pour recommander instamment, en passant, à ces fonctionnaires de se munir des divers codes dont ils ont à suivre les prescriptions, en matière civile comme en matière pénale. Il est inutile qu'ils se procurent les gros volumes de Tripier ou de Rivière. Mais il est indispensable qu'ils aient sous la main ces recueils de petit format publiés plus particulièrement à l'usage des étudiants des Facultés de droit.

Quelles sont la marche de la plupart des instructions auxquelles les officiers de police judiciaire des cercles et postes peuvent être appelés à procéder, en qualité d'auxiliaires du juge de paix à compétence étendue, et les règles à suivre par eux en la matière?

Nous prenons, comme type d'instruction, celui d'un crime ou d'un délit ordinaire. Nous donnerons ensuite quelques indications sur la marche à suivre en certaines affaires spéciales.

Les deux grandes sources d'information de l'existence des infractions sont : 1° la clameur et la rumeur publiques ; 2° les dénonciations et plaintes. De la première de ces sources, rien de bien particulier à dire. Quid de la seconde? Et d'abord, qu'est-ce qu'une dénonciation, qu'est-ce qu'une plainte? On entend par dénonciation la déclaration faite à l'officier de police judiciaire compétent d'une infraction qui n'a pas lésé le dénonciateur. Deux sortes de dénonciations : celles faites par des fonctionnaires publics ; celles émanées de particuliers. Cette classification est établie par les articles 29 et 30 de l'ordonnance du 14 février, qui reproduisent textuellement les dispositions des mêmes articles du Code d'instruction criminelle :

ARTICLE 29

Toute autorité constituée, tout fonctionnaire public qui, dans l'exercice de ses fonctions, acquerra la connaissance d'un crime ou d'un délit, sera tenu d'en donner avis sur-le-champ au procureur du roi près le tribunal dans le ressort duquel ce crime ou ce délit aura été commis ou dans lequel le prévenu pourrait être trouvé, et de transmettre à ce magistrat tous les renseignements, procès-verbaux et actes qui y sont relatifs.

ARTICLE 30

Toute personne qui aura été témoin d'un attentat, soit contre la sûreté publique, soit contre la vie ou la propriété d'un individu, sera pareillement tenue d'en donner avis au procureur du roi soit du lieu du crime ou du délit, soit du lieu où le prévenu pourra être trouvé.

On entend par plainte la déclaration d'un acte délictueux ou criminel faite à la justice par la personne directement lésée par cet acte. Ainsi, la plainte est une dénonciation d'un caractère spécial : la dénonciation du tort personnel, comme la définit la loi du 29 septembre 1791.

Quelle est la forme requise pour les dénonciations et plaintes? Il résulte de l'article 31 de l'ordonnance de 1838 qu'elles doivent être rédigées par les dénonciateurs ou plaignants, leurs fondés de procuration spéciale ou l'officier de police judiciaire s'il en est requis. Elles sont toujours signées par le magistrat instructeur à chaque feuillet et par les dénonciateurs ou plaignants ou leurs fondés de pouvoir. Si l'administrateur a affaire à des personnes qui ne savent ou ne veulent pas signer, il en fait mention.

A la différence de la dénonciation, la plainte peut donner lieu, de la part de celui qui l'a formulée, à constitution de partie civile. Les articles 66 et 67 de l'ordonnance du 14 février 1838 tracent les règles à suivre par les personnes qui poursuivent la réparation des dommages éprouvés par suite des faits délictueux dont elles ont porté plainte.

ARTICLE 66

Les plaignants ne seront réputés partie civile s'ils ne le déclarent formellement, soit par la plainte, soit par acte subséquent, ou s'ils ne prennent, par l'un ou par l'autre, des conclusions en dommages-intérêts ; ils pourront se départir dans les vingt-quatre heures ; dans le cas de désistement, ils ne seront pas tenus des frais depuis qu'il aura été signifié, sans préjudice néanmoins des dommages-intérêts des prévenus s'il y a lieu.

ARTICLE 67

Les plaignants pourront se porter partie civile en tout état de cause jusqu'à la clôture des débats ; mais en aucun cas leur désistement après le jugement ne peut être valable, quoiqu'il ait été donné dans les vingt-quatre heures de la déclaration qu'ils se portent partie civile.

A noter enfin que toute plainte peut être suivie d'un désistement, mais que si, dans la pratique, ce désistement arrête, les trois quarts du temps, l'action publique, cet arrêt n'est nullement obligatoire.

« La renonciation à l'action civile, dit l'arti-
« cle 4 du Code d'instruction criminelle, qui est
« aussi l'article 4 de l'ordonnance de 1838, ne
« peut arrêter ni suspendre l'exercice de l'action
« publique. »

Dès que, par l'une des voies précitées, — clameur ou rumeur publique, dénonciation, plainte, — l'officier de police judiciaire a été avisé qu'un crime ou un délit s'est produit dans sa circonscription, il se transporte sur les lieux et se livre aux premières constatations. Le corps du délit, — c'est-à-dire l'ensemble des faits constitutifs de l'infraction, — l'état des lieux, l'enquête sommaire à laquelle il s'est livré, les divers renseignements qui lui ont été fournis, les expertises ordonnées par lui, les saisies qu'il a opérées, les divers objets qu'il a mis sous scellés, les arrestations auxquelles il a procédé, en vertu de mandats par lui décernés, etc., sont indiqués dans une pièce dite *procès-verbal de constat.* Ce procès-verbal ne comporte pas d'interrogatoire, il n'est que le récit des actes accomplis par l'officier de police judiciaire, actes dont les principaux sont relatés en des pièces distinctes.

A son arrivée sur les lieux, l'administrateur peut défendre à qui que ce soit de s'éloigner jusqu'à la clôture du procès-verbal. Les premières constatations faites, si des expertises lui paraissent nécessaires, il requiert par simple avertissement l'assistance d'une ou plusieurs personnes, présumées par leur art ou profession capables d'apprécier la nature et les circonstances

du crime ou du délit. Il est des cas où cette assistance est indispensable : ce sont ceux de mort
violente ou de mort dont la cause est inconnue et
suspecte. Un ou plusieurs médecins sont, en ces
cas, requis de prêter à l'officier de police judiciaire le concours de leurs connaissances. Il est
entendu, toutefois, que le caractère impératif de
l'article 44 de l'ordonnance de 1838 ne doit pas,
dans l'hypothèse où il n'existerait pas de médecin,
soit dans le centre où a été commis le crime ou
délit, soit à proximité, arrêter la marche de l'instruction : l'officier de police se bornera à infor-
mer, par les voies les plus rapides, le juge de
paix à compétence étendue qu'il a été impossible
de faire établir sur-le-champ les certificats mé-
dico-légaux.

Les personnes appelées à titre d'experts prêtent, devant l'administrateur qui les a convo-
quées, le serment de faire le rapport et de
donner leur avis en leur âme et conscience. Et,
dans le procès-verbal dressé par le magistrat instructeur, mention est faite de l'accomplissement
de cette formalité.

Les premiers actes d'information comprennent
donc les dénonciations ou plaintes, les procès-

verbaux de constat, les expertises. Ils comprennent, en outre, les perquisitions et les saisies. Cette matière est réglementée par les articles 87, 88 et 89 de l'ordonnance précitée.

ARTICLE 87

Le juge d'instruction se transportera, s'il en est requis, et pourra même se transporter d'office dans le domicile du prévenu, pour y faire la perquisition des papiers, pièces et généralement de tous les effets qui seront jugés utiles à la manifestation de la vérité.

ARTICLE 88

Le juge d'instruction pourra pareillement se transporter dans les lieux où il présumerait qu'on aurait caché les objets dont il est parlé en l'article précédent.

ARTICLE 89

Les dispositions des articles 35, 36, 37, 38 et 39 concernant la saisie des objets dont la perquisition peut être faite par le procureur du roi, dans le cas de flagrant délit, sont communes au juge d'instruction.

Ces dispositions des articles 35, 36, 37, 38 et 39, auxquelles l'ordonnance renvoie, sont les suivantes :

ARTICLE 35

Le procureur du roi se saisira des armes et de tout ce qui paraîtra avoir servi ou avoir été destiné à commettre le crime ou le délit, ainsi que tout ce qui paraîtra en avoir été le produit, enfin de tout ce qui pourra servir à la manifestation de la vérité ; il interpellera le prévenu de s'expliquer sur les choses saisies qui lui seront représentées ; il dressera du tout procès-verbal qui sera signé par le prévenu, ou mention sera faite de son refus.

ARTICLE 36

Si la nature du crime ou du délit est telle que la preuve paraisse vraisemblablement être acquise par les papiers ou autres pièces et effets en la possession du prévenu, le procureur du roi se transportera de suite dans le domicile du prévenu, pour y faire la perquisition des objets qu'il jugera utiles à la manifestation de la vérité.

ARTICLE 37

S'il existe, dans le domicile du prévenu, des papiers ou effets qui puissent servir à conviction ou à décharge, le procureur du roi en dressera procès-verbal et se saisira desdits effets ou papiers.

ARTICLE 38

Les objets saisis seront clos et cachetés, si faire se peut ; ou, s'ils ne sont pas susceptibles de recevoir des caractères d'écritures, ils seront mis dans un vase ou dans un sac, sur lequel le procureur du roi attachera une bande de papier qu'il scellera de son sceau.

ARTICLE 39

Les opérations prescrites par les articles précédents seront faites en présence du prévenu, s'il a été arrêté ; et s'il ne veut pas ou ne peut pas y assister, en présence d'un fondé de pouvoir qu'il pourra nommer. Les objets lui seront présentés à l'effet de les reconnaître et de les parafer, s'il y a lieu ; et, au cas de refus, il en sera fait mention au procès-verbal.

Si le prévenu est un captif et qu'il ne veuille ou qu'il ne puisse assister aux opérations ci-dessus prescrites, elles seront faites en présence de son maître ou d'un fondé de pouvoir que celui-ci pourra nommer (1).

La procédure qui suit celle des constatations judiciaires est celle de l'audition des témoins. L'administrateur ou le chef de poste appelle ces der-

______

(1) Abrogé par le décret du 27 avril 1848, qui abolit l'esclavage.

niers devant lui par des citations qu'il fait remettre aux intéressés soit par un agent de la force publique, soit par un huissier *ad hoc*, assermentés au préalable. Acte. est sommairement dressé du serment prêté et transmis, avec les pièces de l'enquête, au juge de paix à compétence étendue. Si le témoin ne comparaît pas aux lieu, jour et heure fixés, procès-verbal de non-comparution est dressé et expédié au chef du service judiciaire. La qualité d'officiers de police auxiliaires, dont ils sont investis, ne donne pas, en effet, d'après nous, aux administrateurs et chefs de poste, le droit de prononcer contre les défaillants la peine de l'amende, prévue et fixée par l'article 80 de l'ordonnance. Ce droit appartient exclusivement au juge d'instruction, c'est-à-dire, dans la colonie, au juge de paix.

Les règles relatives à l'audition des témoins sont établies par les articles 73 et suivants, à cela près que les officiers de police judiciaire de la colonie agissent, dans leurs cercles ou postes, en vertu de l'article 7 du décret du 22 septembre 1887, sans assistance de greffier. Ils doivent strictement observer les dispositions desdits textes, dispositions dont voici le résumé :

Les témoins sont entendus séparément et hors la présence du prévenu. Ils représentent, avant d'être entendus, la citation qui leur a été donnée pour déposer ; et mention est faite de cette représentation dans le procès-verbal. Les témoins prêtent, conformément à l'article 75, le serment de dire *toute la vérité, rien que la vérité.* Le magistrat instructeur leur demande leurs noms, prénoms, âge, état, profession et demeure. Il leur demande, en outre, s'ils sont domestiques, parents ou alliés des parties et à quel degré. Mention est faite des questions et des réponses. Les enfants au-dessous de l'âge de quinze ans sont entendus sous forme de déclaration et sans prestation de serment. Les dépositions sont signées du magistrat et du témoin, après que lecture en aura été faite à ce dernier et qu'il aura déclaré y persister : s'il ne veut ou ne peut signer, il en sera fait mention. Chaque page du cahier d'information est signée par le fonctionnaire enquêteur.

Aucun interligne ne peut être fait ; les ratures et les renvois sont approuvés et signés par le magistrat et le témoin ; s'ils ne sont pas approuvés, ils sont réputés non avenus.

Si les témoins résident dans un autre cercle que le sien, l'administrateur requiert le commandant de cette circonscription de se transporter auprès desdits témoins pour recevoir leurs déclarations. Ces déclarations, reçues en la forme sus-indiquée, sont envoyées closes et cachetées au requérant.

Pour terminer nos indications relatives à l'audition des témoins, disons que dans le cas, — et ce sera celui qui se présentera le plus souvent dans la pratique, — où les personnes que l'officier de police judiciaire aura à interroger ne connaîtront pas la langue française, il devra, même s'il possède leur idiome, recourir à l'intermédiaire d'un interprète, assermenté au préalable conformément à l'article 332 du Code d'instruction criminelle. Le procès-verbal d'enquête mentionnera non seulement que l'administrateur ou chef de poste s'est fait assister d'un interprète, mais que ce dernier a prêté devant lui le serment prescrit par la loi. Ajoutons que ce qui précède s'applique *a fortiori* aux procès-verbaux d'interrogatoire des prévenus.

Après les opérations, dont le détail est exposé dans le procès-verbal dit de constat, et les enquêtes relatées suivant les formes sus-indiquées, se place l'interrogatoire du ou des prévenus.

Le prévenu est convoqué devant l'administrateur par un mandat. Il existe quatre sortes de mandats : 1° de *comparution*, 2° d'*amener*, 3° de *dépôt*, 4° d'*arrêt*. Ces divers actes sont spéciaux à l'instruction des faits susceptibles d'entraîner des peines correctionnelles ou criminelles. Il n'en saurait être question en matière de simple police.

Les administrateurs et chefs de poste n'ont qualité, en principe, que pour décerner des mandats de comparution et d'amener. Ils peuvent néanmoins, dans les cas prévus par les articles 24, § 2 et 25 du décret du 16 décembre 1896, et *suivant les distinctions que nous avons établies plus haut* entre Européens ou assimilés et indigènes, décerner des mandats de dépôt.

En quoi consistent ces divers actes? Le mandat de comparution, en une simple assignation à comparaître ; celui d'amener, aussi en une assignation, mais caractérisée par ce fait que l'agent qui la remet à l'intéressé a le pouvoir d'user de la force si ce dernier n'obtempérait pas aux ordres qui lui sont adressés ; celui de dépôt, en la mise du prévenu en état de détention préventive.

Le mandat de comparution pouvant, par sa nature même, exclusive de toute contrainte, permettre au prévenu de s'enfuir, ne devra être employé que quand les faits à lui reprochés ne seront pas susceptibles d'entraîner la peine de l'emprisonnement : dans ce cas, si le prévenu ne comparaît pas, le mandat de comparution sera transformé en mandat d'amener. En matière de délits de nature à provoquer l'emprisonnement et, à plus forte raison, en matière de crimes, le mandat de dépôt, si l'on procède contre des indigènes, sera, à l'inverse de ce qui se produira si l'on agit contre des Européens ou assimilés, sera, disons-nous, la règle, et le mandat d'amener l'exception. Cela nous semble résulter clairement des dispositions précitées du décret du 16 décembre 1896 portant réorganisation du service judiciaire dans la colonie. Il y a lieu d'ajouter qu'à la différence des mandats de comparution et d'amener, celui de dépôt *suit* l'interrogatoire du prévenu.

Quelles sont les mentions renfermées en tout mandat judiciaire? Il doit : 1° être daté ; 2° désigner le nom et la qualité du magistrat qui le décerne ; 3° renfermer le visa du texte en vertu duquel il est décerné ; 4° désigner nommément le prévenu ; 5° énoncer le fait qui sert de base à la rédaction du mandat ; 6° citer le texte de loi qui s'applique à l'acte délictueux ou criminel ; 7° renfermer, à l'exception cependant du mandat de comparution, la formule exécutoire ; 8° être signé du magistrat et revêtu de son sceau.

Par qui les mandats de justice, — exécutoires sur toute l'étendue du territoire français, — sont-ils notifiés? L'article 97, § 1er, de l'ordonnance de 1838 décide que c'est soit par un huissier, soit par un agent de la force publique (1). Exhibition de l'acte est faite et copie délivrée à l'intéressé.

Le prévenu se présente ou est conduit devant l'officier de police judiciaire. Il est interrogé immédiatement s'il comparaît en vertu d'un mandat de comparution et dans les vingt-quatre heures s'il est conduit en vertu d'un mandat d'amener. Ces délais sont fixés par la loi. A cette fixation se bornent les règles que renferme notre législation, au sujet de l'interrogatoire des prévenus. Cette matière, pourtant si importante et si déli-

____

(1) Il va sans dire que, pour instrumenter valablement, ces auxiliaires de la justice doivent être assermentés.

cate, était, dans notre ancien droit, réglementée avec soin. Aussi, le magistrat instructeur est-il forcé, dans ses actes de procédure criminelle, de s'inspirer des textes d'autrefois. C'est, en effet, non seulement par l'observation de quelques directions que donnent des circulaires du garde des sceaux et par des analogies tirées des codes actuels, mais aussi par certaines dispositions de l'ordonnance de 1670 sur l'instruction des crimes et par le décret du 9 octobre 1789, que la pratique a, depuis longtemps, suppléé au silence de la loi.

Voici les principales règles établies pratiquement :

Le procès-verbal mentionne l'année, le mois, le jour et l'endroit où il est procédé à l'interrogatoire, la qualité du magistrat qui y procède, la nature du mandat décerné. Le prévenu est d'abord questionné sur son état civil. Il n'est pas astreint à la prestation de serment qu'exigeait l'ordonnance de Louis XIV. Il fournit des renseignements sur ses antécédents judiciaires. Il est interrogé hors de la présence des témoins ou des autres prévenus, secrètement, sans assistance de défenseur, — la loi relative à l'instruction contradictoire n'étant pas applicable dans la colonie. En ce qui concerne la signature des feuilles du procès-verbal, les ratures, renvois et interlignes, la mention de lecture de la pièce à l'intéressé, mêmes règles que pour les procès-verbaux d'information.

Le nombre des interrogatoires n'est pas fixé. Si l'administrateur a recours à plusieurs, il a soin de clore, suivant les formules usitées pour les dépositions de témoins, chacun de ceux auxquels il a cru devoir procéder.

Quant à la manière d'interroger, nous ne saurions mieux l'indiquer qu'en reproduisant les lignes que le vieil Allain a écrites à ce sujet et dont les magistrats instructeurs gagneront toujours à s'inspirer. Voici ces lignes :

« L'officier de police doit s'abstenir d'entrer
« en discussion ouverte avec le prévenu, d'user
« de promesses décevantes, de questions captieu-
« ses ou de moyens d'intimidation, et de le gêner
« en l'interrompant intempestivement dans les ex-
« plications qu'il donne. Il doit toujours conser-
« ver le calme et la modération en présence du
« prévenu ; sa conduite, pendant l'interrogatoire,
« ne doit respirer ni la dureté, ni la sensibilité ;

« elle doit être celle d'un magistrat impartial, qui
« ne considère que ses devoirs ; néanmoins, il
« lui est loisible, il est même de son devoir d'em-
« ployer, à l'égard du prévenu, des exhortations et
« représentations qui, faites avec prudence et dis-
« cernement, peuvent le disposer à confesser la
« vérité. Si le prévenu, nonobstant les instances
« du magistrat interrogateur, refuse de répondre
« ou ne donne que des explications vagues ou
« mensongères, le magistrat doit se borner à con-
« stater, dans le procès-verbal, ce silence et la
« nature de ces réponses, et passer outre à l'in-
« struction de l'affaire, qui ne peut pas être entra-
« vée par le mauvais vouloir du prévenu.

« L'aveu même de l'accusé, fût-il formel, ne
« dispense point l'officier de police judiciaire de
« continuer l'information.....

« L'interrogatoire ne doit jamais porter sur des
« faits étrangers à la prévention du crime ou
« du délit dont il est l'objet, ni à la fois sur plu-
« sieurs circonstances ou sur plusieurs faits réu-
« nis..... Il faut éviter les questions complexes.
« Toutes les questions adressées au prévenu doi-
« vent être claires, précises, sans équivoque. Le
« magistrat interrogateur doit chercher dans le

« prévenu non un coupable, mais la vérité du fait
« de son innocence ou de sa culpabilité (1). »

A l'accomplissement des divers actes précités
s'arrête la tâche de l'administrateur ou du chef
de poste, pour l'instruction des affaires qui, en
matière pénale, se présenteront le plus souvent
devant lui.

Nous rappelons aux officiers de police judiciaire que, la procédure terminée, ils doivent,
même si, estimant qu'il n'y a ni crime ni délit, ils
ont mis le prévenu en liberté, adresser les pièces
de l'enquête au juge de paix à compétence étendue et non, comme certains d'entre eux l'ont déjà
fait par le passé, à l'officier du ministère public
près les tribunaux de la colonie : cette obligation
est inscrite en toutes lettres dans l'article 26 du
décret du 16 décembre 1896. Nous rappelons également aux administrateurs et chefs de poste
qu'ils n'ont pas le pouvoir de rendre des ordonnances, fussent-elles de *renvoi*. Ce droit appartient au juge de paix, — et à lui seul. Ils n'ont
donc, leurs enquêtes achevées, qu'à en transmettre les pièces au chef du service judiciaire par

---

(1) J.-E. Allain, ouvrage déjà cité.

une simple lettre d'envoi. C'est à ce magistrat de décider si le tribunal répressif doit ou non être saisi.

Pour clore les présentes instructions, il nous reste à dire un mot des affaires de caractère spécial sur lesquelles les officiers de police peuvent être appelés à éclairer la justice. C'est des suicides que nous voulons parler.

Carré distingue six modes de suicides : ceux 1° par submersion, 2° par suspension, 3° par strangulation, 4° par arme à feu, 5° par le charbon, 6° par empoisonnement ; — on en pourrait trouver d'autres. — Il est certain que chaque genre de suicide implique, pour la conduite de l'instruction, sinon des règles, du moins des indications spéciales. Mais il est un principe commun : c'est que, même dans le cas où il est bien établi que le suicide a eu lieu, le magistrat instructeur doit, soit en recourant à l'avis des médecins, soit en procédant par voie d'enquête, soit enfin en usant cumulativement de ces deux modes d'information, s'attacher à rechercher si le suicide n'a pas été *suggéré* ou *commandé*. Il s'ensuit que toute affaire de cette nature comporte un procès-verbal, où mention est faite des moyens auxquels l'officier de police a eu recours pour établir la réalité du suicide avec ou sans coopération.

Le permis d'inhumer est, en règle générale, délivré, pour les cas de mort violente, par les procureurs de la République. Il est, toutefois, loisible aux administrateurs et chefs de poste, surtout s'il y a urgence, de donner les autorisations aux fins d'inhumation. Mais ils ont le devoir de transmettre sans retard au juge de paix à compétence étendue le permis délivré. Ce magistrat le vise ou, s'il l'estime nécessaire, ordonne l'exhumation.

FORMULES

I

DÉNONCIATION OU PLAINTE

L'an mil neuf cent..... et le..... du mois de..... à..... heures du.....

Par-devant Nous (nom et prénoms), administrateur du cercle de..... ou chef du poste de.....

Nous trouvant à..... et procédant en qualité d'officier de police judiciaire, auxiliaire de M. le juge de paix à compétence étendue de la Côte d'Ivoire, conformément aux articles 13 du décret du 22 septembre 1887 sur les pouvoirs des administrateurs coloniaux et 24 du décret du 16 décembre 1896, portant réorganisation du service de la justice dans la colonie ;

Est comparu le sieur (nom, prénoms, âge, profession et demeure), lequel nous a fait la déclaration *ou* nous a porté la plainte suivante :

(Exposé sommaire.)

Lecture faite au comparant de sa déclaration *ou* de sa plainte ci-dessus, il a déclaré y persister et a signé avec nous en cet endroit et au bas de chaque page (1).

Fait à..... les jour, mois et an que dessus.

(Signature.)

---

(1) Si le déclarant ne veut ou ne sait pas signer, on fait mention comme il a été dit déjà. Cette règle s'applique à la plupart des actes d'instruction dont on trouvera plus loin les formules.

II

DÉSISTEMENT D'UNE PLAINTE

L'an mil neuf cent..... et le..... du mois de..... à..... heures du.....

Par-devant nous (voir la formule ci-dessus).

Est comparu le sieur (nom, prénoms, âge, profession et demeure), lequel nous a fait la déclaration suivante :

(Indiquer succinctement le désistement et ses motifs.)

Lecture faite au comparant de son désistement, il a déclaré y persister et a signé avec nous.

Fait à....., les jour, mois et an que dessus, pour être le présent procès-verbal annexé aux pièces de l'enquête et transmis à M. le juge de paix à compétence étendue de la Côte d'Ivoire.

(Signature.)

III

PROCÈS-VERBAL DE CONSTAT D'UN CRIME

L'an mil neuf cent..... et le..... du mois de..... à..... heures du.....

Nous (nom et prénoms), administrateur du cercle de..... *ou* chef de poste du poste de.....

Instruit par (source de l'information) qu'un homicide venait d'être commis sur la personne de (état civil, profession et domicile), à....., et que le nommé..... était l'auteur présumé du crime ;

Procédant en cas de flagrant délit, comme officier

de police judiciaire, auxiliaire de M. le juge de paix à compétence étendue de la Côte d'Ivoire, conformément à l'article 24 du décret du 16 décembre 1896, relatif à la réorganisation du service de la justice dans la colonie, et à l'article 32 de l'ordonnance du 14 février 1838, portant application du Code d'instruction criminelle au Sénégal et dépendances ;

Nous nous sommes transporté au lieu indiqué, accompagné de....., médecin de..... classe des colonies, de qui nous avons, par application de l'article 44 de ladite ordonnance, requis l'assistance et reçu le serment de faire son rapport et de donner son avis en son âme et conscience ;

Il a été ensuite procédé aux opérations suivantes (les détailler très soigneusement en s'inspirant des indications données plus haut).

Lecture faite à l'inculpé et aux personnes susnommées du présent procès-verbal, ils l'ont signé à chaque feuillet avec nous.

Fait et clos à..... les jour, mois et an que dessus, pour être le présent procès-verbal de constat, avec les diverses pièces à conviction saisies, scellées et décrites, transmis à M. le juge de paix à compétence étendue de la Côte d'Ivoire.

(Signature.)

IV

CITATION DE TÉMOINS

L'an mil neuf cent..... et le..... du mois de..... à..... heures du....., en vertu de la réquisition en date de ce jour émanée de M. l'administrateur du cercle de.....

ou de M. le chef de poste de..... et à sa requête, j'ai (nom et prénoms), huissier *ad hoc* assermenté, demeurant à..... soussigné, cité le sieur..... à comparaître personnellement devant ledit officier de police judiciaire le..... (indiquer le jour, le lieu et l'heure) afin d'être entendu comme témoin dans l'affaire du nommé....., inculpé de....., et lui ai déclaré qu'à défaut de satisfaire à la présente citation, il sera poursuivi par les voies légales. Et, afin qu'il n'en ignore, je lui ai du présent exploit laissé copie.

(Signature.)

V

PROCÈS-VERBAL D'AUDITION DES TÉMOINS

L'an mil neuf cent..... et le..... du mois de..... à..... heures du.....

Nous (nom et prénoms), administrateur du cercle de..... *ou* chef de poste du poste de.....

Agissant, conformément aux articles 13 du décret du 22 septembre 1887 sur les pouvoirs des administrateurs coloniaux et 24 du décret du 16 décembre 1896 relatif à la réorganisation du service de la justice à la Côte d'Ivoire, en qualité d'officier de police judiciaire, auxiliaire de M. le juge de paix à compétence étendue ;

Assisté du sieur....., interprète, de qui nous avons, au préalable, reçu le serment prescrit par l'article 332 de l'ordonnance du 14 février 1838 portant application du Code d'instruction criminelle au Sénégal et dépendances ;

Par suite de notre procès-verbal de constat de ce jour, relatif à.....   .

Avons, étant à....., fait comparaître devant nous, par

citations, les nommés....., à nous indiqués comme pouvant éclairer la justice sur le crime dont s'agit.

Chacun d'eux, appelé successivement et séparément hors la présence du prévenu, nous a représenté sa citation, a prêté le serment prescrit par l'article 75 de l'ordonnance du 14 février 1838 précitée et a déposé ainsi qu'il suit :

Premier témoin.....

D. — Quels sont vos nom, prénoms, âge, état, profession et demeure ?

R. — ....

D — Etes-vous domestique, parent ou allié du prévenu ?

R. — ....

D. — Dites ce que vous savez au sujet des faits qui motivent votre comparution en justice ?

R. — ....

Lecture à lui faite de sa déposition, le témoin a déclaré y persister et l'a signée à chaque feuillet avec nous et l'interprète.

(Signatures.)

Deuxième témoin....,

(Comme ci-dessus.)

Troisième, quatrième témoins, etc.....

(Se conformer aux indications qui précèdent et au bas de chaque déposition inscrire la mention : « Lecture à lui faite, etc. »)

Fait et clos à..... le..... pour être le présent procès-verbal d'information transmis à M. le juge de paix à compétence étendue de la Côte d'Ivoire.

(Signature de l'officier de police judiciaire.)

VI

RÉQUISITOIRE A L'AUTORITÉ MILITAIRE

Nous (nom et prénoms), administrateur du cercle de..... ou chef du poste de.....

Procédant, conformément aux articles 13 du décret du 22 septembre 1887 sur les pouvoirs des administrateurs coloniaux et 24 du décret du 16 décembre 1896 relatif à la réorganisation du service de la justice à la Côte d'Ivoire, comme officier de police judiciaire auxiliaire de M. le juge de paix à compétence étendue ;

Vu l'article 2 du décret du 22 septembre 1887 précité ;

Requérons M. le commandant de la troupe (1) stationnée à..... de mettre à notre disposition (nombre d'hommes) pour nous prêter main-forte dans la constatation du crime commis à..... sur la personne de.....

Fait à..... le.....

(Signature.)

VII

RÉQUISITOIRE A UN MÉDECIN DES COLONIES

Nous, etc.

Agissant, conformément à la loi, comme officier de

---

(1) En cas de refus du commandant de la troupe, l'officier de police judiciaire dresse procès-verbal contre lui et transmet cette pièce au juge de paix à compétence étendue.

Les chefs de détachement qui n'obtempèrent pas aux réquisitions de l'autorité judiciaire sont passibles des peines prévues par l'article 234 du Code pénal.

police judiciaire, auxiliaire de M. le juge de paix à compétence étendue ;

Vu l'article 44 de l'ordonnance du 14 février 1838, portant application du Code d'instruction criminelle au Sénégal et dépendances ;

Requérons M....., médecin de..... classe des colonies, de se rendre immédiatement auprès de nous, à....., à l'effet de nous assister dans la constatation d'un crime commis à....., sur la personne de....., et de procéder à toutes les opérations jugées nécessaires.

Fait à..... le....., à..... heures du.....

(Signature.)

VIII

MANDAT DE COMPARUTION

Nous, etc.

Agissant, en vertu des articles 13 du décret du 22 septembre 1887 sur les pouvoirs des administrateurs coloniaux, et 24 du décret du 16 décembre 1896, relatif à la réorganisation du service de la justice à la Côte d'Ivoire, comme officier de police judiciaire, auxiliaire de M. le juge de paix à compétence étendue ;

Vu l'article 91 du Code d'instruction criminelle ;

Mandons et ordonnons à tous huissiers ou agents de la force publique de citer à comparaître devant nous à....., le..... du mois de....., à..... heures du....., le nommé (nom, prénoms, qualité et domicile) pour être interrogé sur les faits qui lui sont reprochés ;

Leur mandons et ordonnons en outre de lui déclarer que, faute par lui de comparaître devant nous, mandat d'amener sera, conformément à la loi, décerné contre lui.

Fait à..... le.....

(Signature.)

IX

MANDAT D'AMENER

Nous, etc.

Agissant (voir la formule ci-dessus).

Vu l'article 40 de l'ordonnance du 14 février 1838, portant application du Code d'instruction criminelle au Sénégal et dépendances ;

Mandons et ordonnons à tous exécuteurs de mandements de justice d'amener devant nous, en se conformant à la loi, le nommé (nom, prénoms, qualité et demeure) ;

Pour être entendu sur les inculpations dont il est l'objet et dont il lui sera donné connaissance ;

Requérons, en outre, tous dépositaires de la force publique de prêter main-forte au porteur du présent mandat, en cas de nécessité, pour l'exécution d'icelui.

Fait à..... le.....

(Signature.)

X

MANDAT DE DÉPOT

Nous, etc.

Agissant (voir la formule n° VIII);

Mandons et ordonnons à tous huissiers ou agents de la force publique de conduire et déposer en la prison de..... le nommé....., prévenu de..... et arrêté en flagrant délit ;

Enjoignons au gardien de ladite prison de le recevoir et retenir en dépôt jusqu'à ce qu'il en ait été ordonné autrement par qui de droit ;

Requérons enfin tous dépositaires de la force publique de prêter main-forte, en cas de nécessité, pour l'exécution du présent mandat.

A l'effet de quoi nous l'avons signé et scellé de notre sceau.

Fait à..... le.....

(Signature.)

XI

PROCÈS-VERBAL D'INTERROGATOIRE

L'an mil neuf cent..... et le..... du mois de..... à..... heures du.....

Nous (nom et prénoms), administrateur du cercle de..... *ou* chef du poste de.....

Agissant, conformément aux articles 13 du décret du 22 septembre 1887 sur les pouvoirs des administrateurs coloniaux, et 24 du décret du 16 décembre 1896 relatif à la réorganisation du service de la justice à la Côte d'Ivoire, en qualité d'officier de police judiciaire, auxiliaire de M. le juge de paix à compétence étendue ;

Assisté du sieur....., interprète, de qui nous avons, au préalable, reçu le serment prescrit par l'article 332 de l'ordonnance du 14 février 1838 portant application du Code d'instruction criminelle au Sénégal et dépendances ;

Par suite de notre procès-verbal de constat de ce jour, relatif à.....

Avons, étant à....., et procédant en cas de flagrant délit, fait subir l'interrogatoire suivant au dénommé ci-après, comparant en vertu de notre mandat de comparution du....., ou conduit devant nous en vertu de notre mandat d'amener en date du.....

D. — Quels sont vos nom, prénoms, âge, profession, domicile et lieu de naissance?

R. — ....

D. — Avez-vous déjà été condamné?

R. — ....

D. — Quels sont vos moyens d'existence?

R. — ....

D. — Vous êtes inculpé d'avoir commis (exposer sommairement les faits). Quelles explications avez-vous à fournir à la justice?

R. — ....

D. — ....

R. — ....

Ces réponses n'ayant pas détruit les charges qui pèsent sur l'inculpé, le nommé..... a été mis sous mandat de dépôt pour être ensuite, l'instruction terminée, dirigé sur Grand-Bassam, conformément au décret du 16 décembre 1896 susvisé.

Lecture à lui faite de ce qui précède, l'inculpé a persisté et a signé avec nous et l'interprète.

(Signatures.)

XII

PRESTATION DE SERMENT PAR UN MÉDECIN, UN INTERPRÈTE, ETC.

L'an mil neuf cent..... et le..... du mois de..... à.....
heures du......

Par-devant Nous (nom et prénoms), administrateur
du cercle de..... ou chef du poste de.....

Agissant, conformément à la loi, en qualité d'officier
de police judiciaire, auxiliaire de M. le juge de paix
à compétence étendue de la Côte d'Ivoire ;

Est comparu à....., M. (nom, prénoms et fonction du
comparant) ;

Qui nous a représenté notre réquisitoire en date
du....., par lequel (exposer le but du réquisitoire) ;

Nous l'avons, conformément à la loi, invité à prêter
serment et lui avons donné lecture de la formule ci-
après :

« Vous jurez.....

M..... a répondu, la main droite levée : « Je le jure. »

Dont acte, que M..... a signé avec nous.

Fait à....., les jour, mois et an que dessus, après lecture.

(Signatures.)

XIII

PROCÈS-VERBAL DE CONSTAT D'UN SUICIDE

L'an mil neuf cent..... et le..... du mois de..... à.....
heures du......

Nous, etc.

Agissant (voir la formule n° VIII).

Informé par..... que le nommé....., âgé de....., domicilié à......, venait de se suicider à.....

Nous sommes sur-le-champ transporté audit lieu, accompagné de M....., médecin de..... classe des colonies, de qui nous avions requis l'assistance.

Nous avons, dès notre arrivée sur les lieux, fait les constatations suivantes :

....

M. le docteur....., après avoir devant nous prêté le serment de faire son rapport et de donner son avis en son honneur et conscience sur les causes de la mort du sieur....., a procédé à l'examen du cadavre et nous a fait son rapport comme suit :

....

Lecture faite à M. le docteur de son rapport ci-dessus, il l'a affirmé sincère et véritable et a signé avec nous.

(Signatures.)

Procédant ensuite par voie d'enquête, nous avons entendu les nommés.....

(Tenir note des dépositions, en se conformant aux règles exposées plus haut.)

(Signatures de l'officier de police judiciaire et du témoin après chaque déclaration.)

....

Attendu que de l'information il résulte la preuve que le nommé..... s'est donné volontairement la mort ;

Nous avons donné provisoirement les autorisations, aux fins d'inhumation et de tout ce qui précède dressé procès-verbal pour être transmis à M. le chef du service judiciaire.

Fait à..... les jour, mois et an que dessus.

(Signature.)

XIV

EXTRAIT AUX FINS D'INHUMATION D'UN SUICIDÉ

Du procès-verbal dressé par nous (qualité de l'officier de police judiciaire) et du rapport fait par M. le docteur....., il résulte que le sieur....., âgé de....., né à....., le....., exerçant la profession de....., de son vivant domicilié à....., s'est volontairement donné la mort.

En conséquence, nous avons rédigé le présent extrait pour servir à l'inhumation du susnommé, être soumis au visa de M. le juge de paix à compétence étendue de la Côte d'Ivoire et nous être ensuite retourné.

Fait à..... le.....

(Signature.)

Vu et approuvé :

Grand-Bassam, le.....

Le Juge de paix à compétence étendue,

APPENDICES

Principaux actes et circulaires relatifs aux administrateurs et chefs de poste en service dans la colonie, et à l'organisation judiciaire de la Côte d'Ivoire.

I

Rapport suivi d'un décret déterminant les attributions des administrateurs dans la colonie du Sénégal et dépendances.

Monsieur le Président,

L'étendue considérable de nos possessions du Sénégal et dépendances, et la difficulté des communications avec le chef-lieu ont nécessité depuis longtemps l'installation, sur divers points, de chefs de circonscription, appelés d'abord commandants de cercle, commandants particuliers, résidents, et désignés, depuis le décret du 7 septembre courant, sous le nom d'administrateurs coloniaux.

Les attributions et la situation de ces fonctionnaires n'ont été déterminées jusqu'à présent que par des arrêtés locaux. Tous relevaient directement, à l'origine, du chef de la colonie ; mais lorsque les décrets du 12 octobre 1882 organisèrent la direction de l'intérieur du Sénégal, le gouvernement local plaça sous les ordres du chef de cette administration les commandants de cercle des communes de plein exercice et ceux des pays dits annexés, en laissant sous l'action immédiate du gouverneur ou de ses délégués (lieutenant-gouverneur et commandant supérieur du Haut-Fleuve) les commandants des pays simplement protégés. Cette distinction paraissait résulter des dispositions de l'article 33, paragraphe 3 du décret du 12 octobre précité qui confie au directeur de l'intérieur certaines attributions spéciales à l'égard des indigènes, notamment la nomination et la révocation des chefs indigènes de canton et de village, la correspondance avec les commandants de cercle, les chefs de poste, les chefs indigènes français de canton, de district et de commune, la préparation des projets d'annexion des villages aux communes de plein exercice.

Cette situation présente de nombreux inconvénients.

En effet, quelle que soit la portion du territoire sur laquelle s'exerce leur autorité, les administrateurs coloniaux ont forcément des attributions à la fois politiques et administratives. Or, si les premières doivent, d'après l'esprit de la constitution coloniale, relever directement du gouverneur, les affaires administratives sont plus spécialement de la compétence du directeur de l'intérieur qui les règle en se conformant aux ordres généraux du gouverneur.

L'oubli momentané de ce principe est la cause principale des difficultés qu'a présentées la mise en application du décret du 12 octobre 1882.

L'action du gouverneur et celle du directeur de l'intérieur ne doivent pas être exclusives l'une de l'autre, suivant les localités déterminées, mais s'exercer parallèlement sur tous les points des territoires placés sous la souveraineté ou le protectorat de la France.

Les administrateurs coloniaux doivent, par suite, recevoir l'impulsion directe du chef de la colonie pour les questions politiques, celle du directeur de l'intérieur et des divers chefs d'administration et de service du chef-lieu pour les affaires administratives, judiciaires, financières, etc.

C'est dans ce sens que j'ai fait préparer le projet de décret ci-joint.

Il place tous les administrateurs sous les ordres directs du gouverneur, mais en en faisant les agents d'exécution de tous les chefs de service ou d'administration.

Il abroge, d'autre part, d'une manière expresse, les articles 3, § 3, et 25 du décret du 12 octobre 1882.

Le premier de ces articles donnait au directeur de l'intérieur, en ce qui concerne les affaires indigènes, des attributions administratives qu'il n'est pas besoin de lui reconnaître par un texte spécial, puisqu'elles lui appartiennent toutes : tels sont le recouvrement de l'impôt, l'instruction des demandes de dégrèvement, l'extension du territoire des communes de plein exercice, la nomination des agents inférieurs. Ce même article lui donnait, par contre, la nomination et la révocation des chefs indigènes de canton et de village ; or c'est là une attribution essentiellement politique qui doit être réservée au gouverneur.

L'article 25, en déclarant que les dispositions du décret n'étaient pas applicables aux dépendances du Sénégal, placées sous l'autorité du lieutenant gouverneur des Rivières du Sud et du commandant supérieur du Haut-Fleuve, était contraire aux principes rappelés plus haut, puisque ces régions ne sont pas organisées administrativement en colonies distinctes ayant leur budget propre, leur ordonnateur spécial. Il était en opposition formelle avec le décret financier du 20 novembre 1882, et notamment avec les articles 55 et 65 qui stipulent que les directeurs de l'intérieur disposent seuls et sous leur responsabilité des crédits ouverts par le budget local, et qu'aucune créance ne peut être définitivement liquidée à la charge du service local que par leurs soins.

Enfin, il a paru nécessaire d'instituer les administrateurs coloniaux, officiers de police judiciaire, officiers de l'état-civil et de leur donner la plupart des attributions des juges de paix.

J'ai la conviction que ce décret apportera une amélioration notable dans l'organisation de nos possessions du Sénégal et dépendances.

J'ai l'honneur de vous prier de vouloir bien le revêtir de votre signature.

Veuillez agréer, etc.

Le Ministre de la marine et des colonies,
E. BARBEY.

LE PRÉSIDENT DE LA RÉPUBLIQUE FRANÇAISE,

Sur le rapport du ministre de la marine et des colonies ;

Vu l'article 18 du sénatus-consulte du 3 mai 1854 ;

Vu l'ordonnance du 7 septembre 1840, concernant le gouvernement du Sénégal ;

Vu le décret du 9 août 1854, concernant l'organisation judiciaire du Sénégal et dépendances ;

Vu le décret du 4 août 1860, relatif à l'établissement, au Sénégal, de l'impôt personnel, de l'enregistrement et du timbre ;

Vu le décret du 1er avril 1863, organisant la justice dans les arrondissements du Sénégal ;

Vu le décret du 6 juillet 1865, créant un tribunal à Sedhiou ;

Vu les décrets du 12 octobre 1882, portant création d'un lieutenant-gouverneur au Sénégal et déterminant les attributions des directeurs de l'intérieur dans ladite colonie ;

Vu le décret du 22 octobre 1883 sur les services dans les places de guerre et les villes de garnison ;

Vu le décret du 7 septembre 1887, organisant le corps des administrateurs coloniaux ;

DÉCRÈTE :

ARTICLE PREMIER. Les administrateurs coloniaux sont placés, dans la colonie du Sénégal et dépendances, sous la haute autorité du gouverneur ou de ses délégués. Ils sont les représentants du pouvoir exécutif ; ils sont chargés de la direction politique et de la surveillance de tous les services civils et financiers.

Ils sont les agents d'exécution des chefs d'administration et de service qui n'ont pas de délégué dans le lieu de leur résidence, et s'acquittent de ces fonctions en se conformant aux instructions qui leur sont adressées par ces chefs de service.

ART. 2. Les administrateurs coloniaux ont le droit de requérir la force armée dans les formes déterminées par l'article 67 du décret du 23 octobre 1883 (1), mais ils ne peuvent, en aucun cas, donner d'ordre aux chefs de détachements militaires. Cette interdiction est réciproque. Le salut des hommes de troupe et les honneurs militaires leur sont dus quand ils sont en uniforme.

ART. 3. Les administrateurs coloniaux sont officiers de police judiciaire, auxiliaires du procureur de la République.

ART. 4. Ils peuvent, en vertu d'une délégation expresse des juges compétents, procéder à des enquêtes et interrogatoires, tant en matière civile et commerciale qu'en matière correctionnelle et cri-

---

(1) Article 67 du décret du 23 octobre 1883. — Les réquisitions doivent être faites par écrit, rédigées de manière à mettre en évidence leur motif et leur objet et être signées par l'autorité requérante.

minelle, et faire tous autres actes auxquels le juge pourrait procéder lui-même.

Art. 5. Ils peuvent, même d'office, apposer et lever les scellés, recevoir les avis de parents, cesser les actes de notoriété et tous autres actes dans l'intérêt des familles.

Art. 6. Ils remplissent les fonctions de magistrats conciliateurs. Ils dressent, sur un registre *ad hoc*, des procès-verbaux qui relatent les conditions des arrangements, s'il y a lieu, ou qui, dans le cas contraire, constatent sommairement que les parties n'ont pu s'accorder.

Les conventions des parties consignées dans ces procès-verbaux ont force d'obligation privée.

Dans les instances soumises au préliminaire de conciliation, l'accomplissement de cette formalité est obligatoire, sous peine, pour les parties, de se voir refuser toute audience (1).

Art. 7. Ils procèdent sans assistance de greffier.

Toutefois, en cas de nécessité, ils choisissent un

____

(1) De l'article 6 du décret du 16 décembre 1896, relatif à la réorganisation du service judiciaire à la Côte d'Ivoire, il résulte que, dans les causes où le défendeur est domicilié hors de Grand-Bassam, le préliminaire de conciliation devant l'administrateur est purement facultatif.

greffier *ad hoc* qu'ils assermentent avant le commencement des opérations.

ART. 8. Ils transmettent sans délai tous les actes dressés par eux au juge mandant, qui les dépose immédiatement, s'il y a lieu, au rang des minutes du greffe, sans qu'il soit nécessaire de dresser acte de ce dépôt.

Ils transmettent directement au greffier du tribunal de leur arrondissement les actes dressés en vertu de l'article ci-dessus et de l'article ci-après.

Mention du jour du dépôt est faite sur ces actes sans frais par le greffier, qui les soumet, quand il y a lieu, à la formalité du timbre et de l'enregistrement. Le délai accordé pour l'accomplissement de la double formalité du timbre (1) et de l'enregistrement commencera à courir du jour du dépôt effectué au greffe.

Lorsqu'il y aura lieu de procéder à des saisies, l'administrateur, en vertu d'une délégation du juge compétent, commettra un employé civil ou militaire pour remplir l'office d'huissier *ad hoc* ; celui-ci instrumentera conformément à la loi.

ART. 9. En cas de nécessité absolue, et lorsque le greffier-notaire de l'arrondissement ne pourra pas

---

(1) Le timbre n'existe pas dans la colonie de la Côte d'Ivoire.

se transporter sur les lieux, l'administrateur recevra les testaments et les procurations en brevet et procédera aux inventaires, en se conformant à la législation existante dans la colonie.

Les testaments seront adressés sans délai, sous pli cacheté et scellé, au greffier-notaire qui procédera à leur égard comme s'il avait reçu directement ces actes.

Il en est de même des inventaires.

Art. 10. En matière de simple police, l'administrateur se saisit directement des affaires de simple police ; il statue sur les contraventions et juge, sans l'assistance de greffier ni de ministère public (1).

Art. 11. L'administrateur remplit les fonctions d'officier de l'état civil, conformément à la législation de la colonie, en ce qui concerne tous les actes de l'état civil.

Art. 12. Les chefs de poste sont également officiers de police judiciaire auxiliaires du procureur de la République.

En cas de flagrant délit, ils peuvent procéder à l'arrestation des délinquants.

______

(1) A la Côte d'Ivoire, ainsi qu'il a été dit plus haut, les administrateurs ne sont pas juges de simple police. (Articles 8, § 1er, et 11 du décret du 16 décembre 1908.)

Ils dressent des procès-verbaux pour constater les crimes et les délits et peuvent procéder à des enquêtes, par délégation du procureur de la République ou du juge d'instruction.

Ils remplissent, comme les administrateurs, les fonctions d'officier de l'état civil, à l'exception des mariages.

ART. 13. Les administrateurs sont placés, en ce qui concerne leurs attributions judiciaires, sous les ordres immédiats du chef du service judiciaire.

Ils sont tenus de déférer à ses ordres et de se conformer à ses instructions pour tout ce qui concerne cette partie de leurs attributions.

Ils devront, par exception, porter directement à la connaissance du gouverneur les crimes ou délits qui seraient de nature à troubler la paix publique, ou qui pourraient influer sur nos rapports avec les pays voisins.

ART. 14. Avant d'entrer en fonctions, les administrateurs prêtent devant le tribunal civil de première instance de leur arrondissement le serment (1) prescrit pour les magistrats de l'ordre judiciaire.

____

(1) A la Côte d'Ivoire, la prestation de serment des administrateurs et chefs de poste est régie par l'article 31 du décret du 16 décembre 1896.

Instr. adm. 6

Ce serment ne sera pas renouvelé en cas de mutation ou de changement de résidence.

Les administrateurs actuellement en fonctions enverront leur serment par écrit au procureur de la République compétent, qui fera transcrire cet acte sur le registre du greffe à ce destiné.

Art. 15. Lorsqu'un administrateur aura connaissance d'un décès, autre que celui d'un fonctionnaire ou agent civil ou militaire, s'il ne se présente ni héritier, ni légataire universel, ni exécuteur testamentaire, ni conjoint survivant, il apposera immédiatement les scellés sur les biens du défunt et donnera sans délai avis du décès au curateur de l'arrondissement.

Le curateur, après avoir accompli les formalités édictées par le décret du 27 janvier 1885 et l'édit du 24 novembre 1781, pourra déléguer l'administrateur pour faire procéder à la vente des biens meubles. Néanmoins, l'administrateur pourra faire procéder d'office, et avant toute délégation, à la vente des biens meubles susceptibles d'une prompte détérioration ou de dépérissement, à charge d'en rendre compte immédiatement au curateur.

Art. 16. Sont abrogés les articles 3, paragraphe 3, et 25 du décret du 12 octobre 1882 déterminant les attributions du directeur de l'intérieur, ainsi que toutes les dispositions contraires à celles du présent décret.

Art. 17. Le ministre de la marine et des colonies est chargé de l'exécution du présent décret, qui sera inséré au *Journal officiel*, au *Bulletin des lois* et au *Bulletin officiel* des colonies.

Fait à Mont-sous-Vaudrey, le 22 septembre 1887.

JULES GRÉVY.

Par le Président de la République :
Le Ministre de la marine et des colonies,
E. BARBEY.

II

Arrêté promulguant dans la colonie du Sénégal et dépendances le décret du 30 septembre 1887, relatif à la répression, par voie disciplinaire, des infractions commises par les indigènes non citoyens français.

Nous, Gouverneur du Sénégal et dépendances,

Vu l'article 50 de l'ordonnance organique du 7 septembre 1840 ;

Vu la dépêche ministérielle du 13 octobre 1887, n° 46 ;

Sur la proposition du directeur de l'intérieur ;

Avons arrêté et arrêtons :

Article premier. Est promulgué, dans la colonie du Sénégal et dépendances, le décret du 30 septembre 1887, déterminant les pouvoirs répressifs des administrateurs coloniaux vis-à-vis des indigènes non citoyens français.

Art. 2. Le directeur de l'intérieur est chargé de l'exécution du présent arrêté.

Saint-Louis, le 3 novembre 1887.

GENOUILLE.

Par le Gouverneur :

Le Directeur de l'intérieur,

A. Quintrie.

———————

Le Président de la République française,

Sur le rapport du ministre de la marine et des colonies, et du garde des sceaux, ministre de la justice ;

Vu l'article 18 du sénatus-consulte du 3 mai 1854 ;

Vu l'ordonnance du 7 septembre 1840, concernant le gouvernement de la colonie du Sénégal et dépendances ;

Vu les décrets du 9 août 1854 et du 1ᵉʳ avril 1863, relatifs à l'organisation de l'administration de la justice au Sénégal ;

Vu le décret du 6 mars 1877, portant application du Code pénal au Sénégal ;

Vu le décret du 2 septembre 1887, organisant le corps des administrateurs coloniaux,

DÉCRÈTE :

ARTICLE PREMIER. Les administrateurs coloniaux statuent, au Sénégal et dépendances, par voie disciplinaire, sur les infractions commises par les indigènes non citoyens français contre les arrêtés du gouverneur rendus en exécution de l'article 3 du décret du 6 mars 1877.

ART. 2. Les arrêtés pris par le gouverneur en ce qui concerne les indigènes pourront être sanctionnés par des pénalités allant jusqu'à quinze jours de prison et 100 francs d'amende au maximum.

Les dispositions de l'article 3 du décret du 6 mars 1877, qui ordonnent la conversion en décrets des arrêtés édictant des pénalités supérieures à celles qui sont prévues au tarif du livre IV du Code pénal, ne sont pas applicables à ces arrêtés.

ART. 3. Les décisions des administrateurs coloniaux en matière disciplinaire pourront être déférées au gouverneur en conseil privé.

Art. 4. L'internement des indigènes non citoyens français et de ceux qui leur sont assimilés, ainsi que le séquestre de leurs biens, peuvent être ordonnés par le gouverneur en conseil privé.

Les arrêtés rendus à cet effet sont soumis à l'approbation du ministre de la marine et des colonies. Ils sont provisoirement exécutoires.

Art. 5. Le ministre de la marine et des colonies et le garde des sceaux, ministre de la justice, sont chargés, chacun en ce qui le concerne, de l'exécution du présent décret, qui sera inséré au *Journal officiel* de la République française, au *Bulletin des lois*, et au *Bulletin officiel* de l'administration des colonies.

Fait à Mont-sous-Vaudrey, le 30 septembre 1887.

JULES GRÉVY.

Par le Président de la République :

Le Ministre de la marine et des colonies,	*Le Garde des sceaux ministre de la justice,*
E. Barbey.	C. Mazeau.

III

Arrêté promulguant à la Côte d'Ivoire le décret du 16 décembre 1896, relatif à la réorganisation du service de la justice dans la colonie.

Le Gouverneur de la Côte d'Ivoire,

Vu l'article 50 de l'ordonnance organique du 7 septembre 1840, rendue applicable à la Côte d'Ivoire par décret du 10 mars 1893 ;

Arrête :

Article premier. Est promulgué dans la colonie le décret du 16 décembre 1896 portant réorganisation du service de la justice à la Côte d'Ivoire.

Art. 2. Le secrétaire général et le juge de paix à compétence étendue sont chargés, chacun en ce qui le concerne, de l'exécution du présent arrêté qui sera enregistré et communiqué partout où besoin sera.

Grand-Bassam, le 14 janvier 1897.

Le Secrétaire général chargé de l'expédition
des affaires,

A. BONHOURE.

Par le Gouverneur :

Le Chef du bureau faisant fonctions   *Le Juge de paix*
de Secrétaire général,   *à compétence étendue,*
GÉLOT.   Roger VILLAMUR.

RAPPORT AU PRÉSIDENT DE LA RÉPUBLIQUE FRANÇAISE.

Paris, le 16 décembre 1896.

Monsieur le Président,

Le décret du 17 décembre 1891 avait constitué en colonie autonome, sous le nom de Guinée française et dépendances, nos établissements des Rivières du Sud et ceux de Grand-Bassam et de Porto-Novo.

Appliquant à l'organisation judiciaire la réforme que le décret de 1891 avait opérée en matière administrative, le décret du 11 mai 1892 dota la nouvelle colonie de tribunaux indépendants de la cour d'appel du Sénégal, en créant à Conakry un conseil d'appel spécial connaissant au second degré des affaires jugées à la Guinée française et dans ses dépendances.

La situation administrative de cette colonie a été encore modifiée par le décret du 10 mars 1893, lequel a constitué en trois colonies distinctes les possessions françaises de la Guinée, de la Côte d'Ivoire et du Bénin.

A ce nouveau morcellement administratif de la colonie, il semble opportun de faire succéder une nouvelle organisation judiciaire.

La Côte d'Ivoire étant, depuis 1893, une colonie

autonome, distincte de la Guinée française, il serait en quelque sorte contradictoire de laisser au
conseil d'appel de Conakry la connaissance au
second degré d'affaires jugées en premier ressort
à Grand-Bassam, dans une autre colonie.

Le présent projet de décret que j'ai l'honneur
de soumettre à votre haute approbation a pour
objet de constituer à la Côte d'Ivoire une organisation judiciaire autonome. Il a principalement
pour objet de retirer au conseil d'appel de Conakry la connaissance des affaires jugées en premier
ressort à la Côte d'Ivoire et de transférer cette
compétence à un conseil d'appel spécial à la colonie, institué à Grand-Bassam.

Je vous prie d'agréer, Monsieur le Président,
l'hommage de mon profond respect.

Le Ministre des colonies,

ANDRÉ LEBON.

————

LE PRÉSIDENT DE LA RÉPUBLIQUE FRANÇAISE,

Sur le rapport du ministre des colonies et du
garde des sceaux, ministre de la justice ;

Vu l'article 18 du sénatus-consulte du 3 mai
1854 ;

Vu le décret du 15 mai 1889, portant réorganisation de la justice du Sénégal ;

Vu le décret du 1ᵉʳ août 1889, réglant l'organisation politique et administrative des Rivières du Sud, des établissements français de la Côte d'Or et des établissements français du golfe du Bénin ;

Vu le décret du 17 décembre 1891, portant organisation de la colonie de la Guinée française et dépendances ;

Vu le décret du 11 mai 1892, portant organisation du service de la justice dans la colonie de la Guinée française et dépendances ;

Vu le décret du 10 mars 1893, constituant en trois colonies distinctes les possessions françaises de la Guinée, de la Côte d'Ivoire et du Bénin ;

Vu le décret du 12 avril 1896, réglant le recours en cassation des arrêts rendus par le conseil d'appel de la Guinée française,

DÉCRÈTE :

TITRE Iᵉʳ

DISPOSITIONS PRÉLIMINAIRES

ARTICLE PREMIER. La colonie de la Côte d'Ivoire cesser de relever, au point de vue judiciaire, du conseil d'appel de la Guinée française.

TITRE II

DE LA JURIDICTION DE PREMIÈRE INSTANCE

ART. 2. Il est institué dans la colonie de la Côte d'Ivoire une justice de paix à compétence étendue, dont le siège est fixé à Grand-Bassam.

ART. 3. Les fonctions de juge de paix, de greffier et d'huissier sont remplies par des fonctionnaires, officiers ou agents désignés par le gouverneur.

Les fonctions du ministère public sont remplies par le commissaire de police ou, à défaut, par un fonctionnaire désigné par le gouverneur.

Le greffier remplit, en outre des attributs de sa charge, les fonctions de notaire.

ART. 4. Le tribunal de paix de Grand-Bassam connaît :

1° En premier et dernier ressort, de toutes les affaires attribuées aux juges de paix en France, de toutes les actions personnelles et mobilières dont la valeur n'excède pas 1.500 francs et des demandes immobilières jusqu'à 100 francs de revenu déterminé soit en rente, soit par prix de bail ;

2° En premier ressort seulement et à charge

d'appel devant le conseil d'appel dont il sera parlé plus loin, de toutes les autres affaires.

En matière commerciale, sa compétence est celle des tribunaux de commerce de la métropole.

ART. 5. La procédure dans les affaires énumérées à l'article précédent est, à moins d'impossibilité reconnue, celle déterminée pour les justices de paix en France.

ART. 6. Les affaires civiles portées devant le tribunal de paix de Grand-Bassam sont dispensées du préliminaire de conciliation.

Toutefois, dans toutes les causes, excepté dans celles qui requièrent célérité ou celles où le défenseur est domicilié dans une localité éloignée de Grand-Bassam, aucune citation ne peut être donnée sans qu'au préalable le juge de paix ait appelé devant lui les parties par un avertissement, conformément aux dispositions de l'article 1ᵉʳ de la loi du 2 mai 1855.

ART. 7. Indépendamment des fonctions départies au juge de paix par le Code civil, le Code de procédure civile et le Code de commerce, le juge de paix de Grand-Bassam a les attributions dévolues au président des tribunaux de première instance.

Il surveille spécialement l'administration des successions vacantes.

Art. 8. Le tribunal de paix de Grand-Bassam connaît en matière de simple police et de police correctionnelle, lorsque le prévenu est d'origine européenne ou assimilée :

1° En premier et dernier ressort, de toutes les contraventions déférées par les lois et règlements aux tribunaux de simple police, lorsque la peine consistera seulement en une amende ou, s'il y a condamnation à l'emprisonnement, lorsque le temps pour lequel cette peine est prononcée n'excèdera pas deux mois ;

2° En premier ressort seulement et à charge d'appel devant le conseil d'appel dont il sera parlé plus loin, des délits à l'occasion desquels aura été prononcée une peine supérieure à celles indiquées par le paragraphe précédent.

Art. 9. En matière correctionnelle et de simple police, le juge de paix suivra la procédure des tribunaux de simple police en France.

Toutefois, il sera investi, en tous cas, des pouvoirs conférés par les articles 268 et 269 du Code d'instruction criminelle, et les jugements pourront être exécutés sans signification préalable.

Art. 10. En matière correctionnelle et de simple police, les fonctions du ministère public seront remplies par le titulaire de cet emploi prévu à l'article 3 ci-dessus.

Le juge de paix sera saisi par le ministère public, ou directement, à la requête de la partie civile.

Art. 11. La compétence territoriale de la justice de paix de Grand-Bassam comprendra toute la Côte d'Ivoire.

Art. 12. Des arrêtés du gouverneur pourront autoriser ou ordonner la tenue d'audiences foraines.

TITRE III

DE LA JURIDICTION D'APPEL

Art. 13. L'appel des jugements rendus en premier ressort par le tribunal de paix de Grand-Bassam est porté devant un conseil d'appel siégeant au chef-lieu et composé du gouverneur ou de son délégué, président, et de deux assesseurs choisis, au commencement de chaque année, par le gouverneur parmi les fonctionnaires ou officiers en service dans la colonie.

Lorsqu'un des assesseurs sera absent ou empêché, il sera pourvu d'office par le gouverneur à son remplacement.

Les fonctions du ministère public seront remplies par le titulaire désigné à l'article 3 ci-dessus.

Art. 14. Les jugements en dernier ressort rendus en toute matière par le tribunal de paix de Grand-Bassam pourront être attaqués par la voie de l'annulation devant le conseil d'appel pour excès de pouvoir ou violation de la loi.

Lorsque celui-ci annulera un jugement rendu par la justice de paix, il prononcera le renvoi de l'affaire devant le même tribunal, qui devra se conformer, pour le point de droit, à la doctrine adoptée par le conseil d'appel.

Les dispositions du décret du 12 avril 1896, réglant le recours en cassation des arrêts rendus par le conseil d'appel de la Guinée française, sont applicables au conseil d'appel de la Côte d'Ivoire.

TITRE IV

DE LA JURIDICTION CRIMINELLE

Art. 15. Le conseil d'appel, constitué en tribunal criminel, connaît des crimes commis sur les territoires dépendant du gouvernement de la Côte d'Ivoire, et de toutes les affaires déférées en France aux cours d'assises.

Art. 16. Lorsque le tribunal criminel devra procéder au jugement d'une affaire dans laquelle seront impliqués comme accusés des Européens ou

assimilés, il s'adjoindra le concours de deux assesseurs supplémentaires.

Aʀᴛ. 17. Ceux-ci ont voix délibérative sur la
question de culpabilité seulement.

La condamnation est prononcée à la majorité de
trois voix contre deux.

Aʀᴛ. 18. Les deux assesseurs supplémentaires
prévus à l'article 16 sont désignés par la voie du
sort sur une liste de douze fonctionnaires ou nota-
bles de nationalité française, dressée chaque année, dans la seconde quinzaine de décembre, par
le secrétaire général, approuvée par le gouverneur.

Aʀᴛ. 19. Le juge de paix remplira les fonctions
de magistrat instructeur ; les fonctions du ministère public et celles de greffier seront exercées
par les titulaires de ces emplois prévus à l'article
3 du présent décret.

Le tribunal criminel est saisi par le ministère
public.

Aʀᴛ. 20. Les formes de la procédure ainsi que
celles de l'opposition devant le tribunal criminel
sont, à moins d'impossibilité constatée, celles qui
sont suivies en matière correctionnelle en France.

Aʀᴛ. 21. Les décisions du tribunal criminel ne
sont pas sujettes à appel. Elles sont susceptibles
du recours en cassation.

Aᴙᴛ. 22. Les crimes et délits ayant un caractère politique ou qui seraient de nature à compromettre l'action de l'autorité française seront jugés par le tribunal criminel sans le concours des assesseurs supplémentaires.

TITRE V

LÉGISLATION

Aᴙᴛ. 23. En toute matière, le tribunal de Grand-Bassam se conforme à la législation civile, commerciale et criminelle du Sénégal, en tout ce qui n'est pas contraire au présent décret.

Aᴙᴛ. 24. Les administrateurs, résidents et chefs de poste sont officiers de police judiciaire.

Ils peuvent procéder à l'arrestation du délinquant en cas de crime ou de flagrant délit.

Aᴙᴛ. 25. Toutes les fois qu'un indigène de leur ressort se sera rendu coupable d'un crime ou d'un délit nécessitant une instruction, ils pourront, sans attendre une réquisition du magistrat compétent, se livrer à cette instruction et détenir les prévenus pendant tout le temps de sa durée.

Aᴙᴛ. 26. L'instruction terminée, ils dirigeront, s'il y a lieu, le prévenu sur le tribunal correctionnel de Grand-Bassam, en le faisant accompagner des pièces de l'enquête.

S'ils jugent qu'il n'y a ni crime ni délit, ils mettront le prévenu en liberté, sans pouvoir pour cela rendre une ordonnance de non-lieu. Les pièces de l'instruction seront envoyées au juge de paix, qui, suivant les circonstances, classera l'affaire, demandera un supplément d'enquête, prononcera le renvoi du prévenu devant le tribunal correctionnel ou en fera saisir le tribunal criminel.

TITRE VI

DISPOSITIONS DIVERSES

ART. 27. Sont maintenues les juridictions indigènes actuellement existantes tant pour le jugement des affaires civiles entre indigènes que pour la poursuite des contraventions et délits commis par ceux-ci envers leurs congénères.

ART. 28. Les indigènes pourront, en tout état de cause, saisir de leur procès les tribunaux français.

ART. 29. Le secrétaire général, au chef-lieu du gouvernement, ou, en cas d'absence, le fonctionnaire qui le remplace, ainsi que les administrateurs dans leurs cercles et les résidents ou chefs de poste, rempliront les fonctions d'officier de l'état civil.

Ils tiendront en triple expédition les registres,

dont un exemplaire restera déposé au greffe de la justice de paix, un autre au greffe du conseil d'appel ; le troisième sera envoyé au ministère des colonies pour être classé aux archives coloniales, conformément à l'édit de juin 1776.

ART. 30. Le juge de paix de Grand-Bassam prête serment verbalement ou par écrit devant le conseil d'appel.

Le juge de paix reçoit le serment de son greffier.

Le conseil d'appel reçoit le serment de ses membres.

ART. 31. Avant d'entrer en fonctions, les administrateurs, résidents et chefs de poste qui sont officiers de police judiciaire prêtent verbalement ou par écrit, devant le tribunal de paix de Grand-Bassam, le serment prescrit pour les magistrats de l'ordre judiciaire.

ART. 32. Sont abrogées, en ce qu'elles ont de contraire au présent décret, les dispositions du décret du 15 mai 1889 portant organisation de la justice au Sénégal et celles du décret du 11 mai 1892 organisant le service judiciaire dans la Guinée française et dépendances.

ART. 33. Le ministre des colonies et le garde des sceaux, ministre de la justice et des cultes, sont chargés, chacun en ce qui le concerne, de l'exécution du présent décret, qui sera inséré au *Journal officiel* de la République française, au *Bulletin des Lois* et au *Bulletin officiel* du ministère des colonies.

Fait à Paris, le 16 décembre 1896.

FELIX FAURE.

Par le Président de la République :

Le Ministre des colonies,
ANDRÉ LEBON.

Le Garde des sceaux
Ministre de la justice et des cultes,
J. DARLAN.

____

IV

Arrêté du gouverneur de la Côte d'Ivoire déterminant les pouvoirs répressifs des administrateurs à l'égard des indigènes.

(Voir le texte de cet arrêté dans le corps du chapitre premier des présentes *Instructions.*)

____

V

Circulaire relative à la prestation de serment de MM. les Administrateurs et Chefs de poste (1).

Le gouverneur de la Côte d'Ivoire à Messieurs les Administrateurs et Chefs de poste.

MESSIEURS,

M. le Juge de paix à compétence étendue vient d'attirer mon attention sur l'inobservation par la plupart d'entre vous des prescriptions du décret portant organisation du service judiciaire à la Côte d'Ivoire.

Je vous prie de vous y conformer au plus tôt en remplissant la formalité de prestation de serment, d'après les indications contenues dans le rapport ci-dessous émanant de M. le Juge de paix.

Recevez, Messieurs, l'assurance de ma considération distinguée.

ROBERDEAU.

---

(1) *Journal officiel de la Côte d'Ivoire*, numéro du 15 décembre 1900.

Grand-Bassam, le 12 septembre 1900.

*M. le Juge de paix à compétence étendue à M. le
Gouverneur de la Côte d'Ivoire.*

Monsieur le Gouverneur,

J'ai l'honneur de porter à votre connaissance qu'un certain nombre d'administrateurs et de chefs de poste, en service dans la colonie, n'ont pas encore prêté devant le tribunal de Grand-Bassam le serment auquel ils sont astreints, en leur qualité d'officiers de police judiciaire, auxiliaires du Juge de paix à compétence étendue.

L'inobservation de cette formalité pouvant entraîner de fâcheuses conséquences, je vous prierais, Monsieur le Gouverneur, de vouloir bien inviter les intéressés à se conformer le plus tôt possible aux prescriptions de l'article 31 du décret du 16 décembre 1896 portant réorganisation du service judiciaire à la Côte d'Ivoire.

En vertu de ce texte, Messieurs les Administrateurs et Chefs de poste ont la faculté de prêter serment par écrit devant le tribunal de Grand-Bassam. Les termes du serment sont les suivants :

*« Je jure et promets de bien et fidèlement remplir
» mes fonctions et de me conduire en tout comme
» un digne et loyal magistrat.*

» Je jure, en outre, d'observer et de faire obser-

» ver les lois, décrets, ordonnances et arrêtés en
» vigueur dans la colonie. »

Messieurs les Administrateurs et Chefs de poste
n'auront qu'à copier cette formule sur papier libre en ayant soin de la compléter par des mentions relatives à leurs nom, prénoms et qualités et à la date d'accomplissement de la formalité prescrite. Ils voudront bien ensuite m'adresser leur acte de prestation, afin que je puisse le faire transcrire sur le registre du greffe à ce destiné.

Veuillez, Monsieur le Gouverneur, agréer l'hommage de mes sentiments les plus respectueux et dévoués.

Roger VILLAMUR.

VI

Circulaire relative à l'autorité des chefs indigènes (1).

Le Gouverneur de la Côte d'Ivoire à Messieurs les Administrateurs et Chefs de poste.

Grand-Bassam, le 13 septembre 1900.

MESSIEURS,

J'ai observé que les administrateurs et chefs de poste intervenaient d'une façon trop fréquente

---

(1) *Journal officiel de la Côte d'Ivoire*, numéro du 15 septembre 1900.

et trop directe, soit pour punir les délinquants, soit pour juger les contestations entre indigènes.

« C'est ainsi que les administrateurs ont dû négliger certains côtés fort intéressants de leurs fonctions, la plus grande partie de leur temps étant prise par le règlement des palabres.

Les administrateurs doivent, certes, veiller au maintien du bon ordre dans leur cercle. Mais j'estime que ces fonctionnaires peuvent s'employer plus utilement qu'à régler eux-mêmes les contestations souvent futiles, et parfois d'ordre intime, qui s'élèvent entre indigènes.

Dans les débuts de la colonisation, les administrateurs ont pu être amenés à agir ainsi, soit pour diminuer l'autorité d'un chef suspect, soit pour suppléer à l'incapacité ou à la faiblesse d'autres chefs. L'état d'anarchie dans lequel vivaient certaines peuplades, l'autorité cruelle ou concussionnaire de quelques chefs, ont ainsi amené les administrateurs à réunir dans leurs mains toute l'autorité.

Cette manière de faire, qui a pu être bonne et même nécessaire autrefois, doit maintenant être modifiée, car son maintien serait de nature à nuire aux intérêts de la colonie. La connaissance actuelle du pays, des habitants et de leurs mœurs, doit permettre à notre autorité de se manifester d'une manière plus haute et moins directe.

La nécessité d'appliquer un impôt, dans un avenir prochain, exige que l'autorité des chefs soit plus étendue et plus effective. Je ne vois pas, en effet, la possibilité d'un régime financier indigène sans le concours d'une autorité indigène, soit pour faire la répartition de l'impôt, soit pour le percevoir, soit encore pour régler l'emploi de la partie du produit qui devra être affectée au profit des villages eux-mêmes et dans un intérêt d'ordre général.

Il importe donc de modifier, peu à peu et méthodiquement, le système actuel d'administration en s'efforçant de donner aux chefs l'autorité qui leur est nécessaire.

Je n'ignore pas les difficultés que vous rencontrerez : vous aurez à lutter contre le mauvais vouloir ou la faiblesse de certains chefs et contre l'esprit insoumis des populations ; vous aurez aussi, par contre, à empêcher les exactions, les injustices de chefs trop avides ou trop autoritaires. Ce sera une tâche délicate, qui exigera beaucoup de patience, de doigté et aussi de fermeté pour être menée à bien.

Chaque chef de village devrait commander réellement la population, la maintenir dans l'obéissance et dans l'ordre ; il réglerait sous votre contrôle toutes les contestations et querelles entre indigènes ; il appliquerait les peines encourues et vous sanctionneriez ses jugements.

Dans les débuts, vous pourriez désigner certains jours pour les réunions de justice ; car votre présence serait indispensable pour guider les chefs, affirmer leur autorité et les habituer à rendre la justice selon notre esprit d'équité, en abandonnant les pratiques de sorcellerie, de fétichisme, qui sont encore usitées, notamment l'épreuve du bois rouge.

Je dois attirer particulièrement votre attention sur la considération que vous devez accorder aux chefs, devant leurs administrés, afin d'en faire des auxiliaires utiles et dévoués. Le chef qui serait traité avec mépris ou dédain perdrait toute autorité.

Si certains chefs faisaient preuve d'une incapacité absolue ou de sentiments hostiles à notre égard, ils seraient déposés ; leur successeur devrait être autant que possible élu par la population et selon les coutumes. C'est seulement devant un choix trop défavorable que l'administrateur pourrait désigner d'office le chef.

Enfin, un second chef, successeur éventuel, pourrait être nommé pour aider dans le commandement du village un chef trop faible ou trop âgé, mais respecté par la population.

Au-dessus des chefs de village, vous devez étudier la nomination de chefs de peuplades ou de groupes de villages, en tenant compte des groupements existants, et des inimitiés qui peuvent séparer les peuplades.

Un registre spécial en vue de l'impôt futur serait ouvert dans chaque cercle ; il devrait indiquer le nom de chaque village connu du cercle, le nom de la peuplade, le nom du chef, le chiffre exact ou approximatif de la population, le nombre de bœufs, moutons, volailles, etc. ; la richesse ou la pauvreté de la population, de façon à faciliter, le moment venu, l'établissement de l'impôt.

C'est là évidemment une œuvre d'assez longue haleine, exigeant une assez longue préparation ; c'est à cette préparation que vous devez vous attacher chaque fois que les circonstances vous mettent en contact avec des groupements d'une certaine importance.

Il serait prématuré de vous indiquer, dès maintenant, un programme précis de cette organisation financière qui a donné de si heureux résultats dans certaines colonies d'Afrique et notamment au Sénégal, où les budgets régionaux fonctionnent avec une grande régularité et ont été acceptés très vite par l'élément noir, dès qu'il a été à même d'en apprécier les résultats.

Dans les grandes lignes, cette organisation consiste : en la suppression de toutes les redevances perçues au profit du chef, dans des conditions généralement assez vexatoires, et le remplacement de ces redevances par un impôt dont le produit recevrait les affectations suivantes :

1° Une part pour le chef ;

2° Une part pour les travaux à exécuter dans les circonscriptions des contribuables, chemins, sentiers, puits, écoles, voie téléphonique ou télégraphique, etc., etc. ;

3° Une part pour le service local.

La variété des populations, le degré de contact avec l'Européen, la situation commerciale, l'organisation des indigènes, leur groupement, tout diffère profondément suivant les régions ; et je ne puis que laisser à chacun de vous le soin de poursuivre, par les moyens qu'il jugera les plus avantageux, la préparation des populations à ce régime qui offre à la fois un gros intérêt au point de vue politique, économique, financier, et je dirai même commercial ; car la consolidation de l'autorité des chefs et la création de groupements réels ayant des intérêts communs ne peuvent que faciliter l'entente entre l'indigène et l'administration ; elle facilite par suite l'impulsion à imprimer à l'indigène en vue de l'augmentation de la production et de l'amélioration des procédés de production.

Je compte donc sur votre dévouement et votre zèle pour me seconder dans la voie nouvelle que la durée de notre occupation permet de suivre, au moins dans un certain nombre de cercles.

Recevez, Messieurs, les assurances de ma considération distinguée.

ROBERDEAU.

VII

Circulaire relative aux pouvoirs des administrateurs et chefs de poste en matière de police judiciaire et d'indigénat (1).

Le Gouverneur de la Côte d'Ivoire à Messieurs les Administrateurs et Chefs de poste.

Grand-Bassam, le 14 septembre 1900.

MESSIEURS,

J'ai pu constater que, dans le passé, des admi-

----

(1) *Journal officiel de la Côte d'Ivoire*, numéro du 15 septembre 1900.

nistrateurs et chefs de poste s'étaient écartés parfois de la légalité, en matière de police judiciaire et d'indigénat, et n'observaient pas les formes les plus élémentaires pour l'instruction et la condamnation. Je dois reconnaître, d'ailleurs, que cette matière est réglée d'une façon assez peu précise et qu'il ne leur a été donné que peu ou point d'instructions à ce sujet.

Par mon arrêté en date du 7 septembre dernier, je renouvelle les prescriptions des décrets du 6 mars 1877 et du 30 septembre 1887 que je vous prie d'observer strictement à l'avenir.

Des délits graves, nécessitant une répression plus sévère, peuvent être commis dans des cercles où notre autorité n'est pas encore bien affermie, et où l'action de la justice régulière pourrait causer des troubles dangereux : dans ces cas, l'autorité indigène devra intervenir ; les chefs de village ou de peuplade prononceront les peines encourues, sous votre contrôle, et vous devrez assurer l'exécution des sentences rendues.

Vous aurez à me rendre compte et à exprimer votre avis motivé sur les jugements comportant une peine à un an de prison.

L'autorité supérieure pourra seule confirmer définitivement les peines de cette gravité et déterminer l'endroit où elles devront être subies.

Quand il s'agira d'un délit d'ordre politique intéressant la sécurité du pays, vous me soumettrez les propositions que vous jugerez utiles, par application de l'article IV du décret du 30 septembre 1887, qui arme l'autòrité supérieure du droit de faire interner à l'intérieur ou à l'extérieur de la colonie tout indigène non citoyen français qui serait une cause de désordre dans la colonie.

Vous aurez à me rendre compte mensuellement de toutes les peines, prison ou amendes, que vous aurez prononcées.

Vous tiendrez un registre où chaque décision sera motivée.

Les prisonniers doivent être traités avec sévérité, mais sans l'oubli des règles d'humanité qui font notre supériorité, et dont l'observation ne passe pas inaperçue de l'indigène.

Les prisonniers seront occupés áu service des travaux du poste ; ils devront toucher une nourriture suffisamment abondante.

Ils seront enfermés dans un logement sûr, d'où ils ne pourront s'échapper ; car je n'ai pas besoin de vous rappeler que l'emploi des cordes est rigoureusement interdit pour les garder.

Les gardes de milice chargés de leur surveillance ne devront, en aucun cas et sous aucun prétexte, frapper les prisonniers ; la loi vous arme suffisamment pour les maintenir dans l'obéissance et punir les délits qu'ils peuvent commettre.

J'insiste tout particulièrement sur ce sujet : les châtiments corporels, les voies de fait, sont interdits de la façon la plus absolue.

Je ne vous laisserai pas ignorer que je suis résolu à réprimer avec rigueur toute infraction à ces prescriptions et je vous invite à surveiller vos agents, miliciens et interprètes, souvent portés à la brutalité envers les indigènes.

Cette surveillance devra s'étendre à tous, européens et indigènes, fonctionnaires ou commerçants de votre cercle, et vous ne devez pas hésiter à réprimer tout acte de brutalité, en appliquant les sévérités du Code.

Notre autorité doit être sévère et forte, mais juste et humaine ; son but est de nous faire craindre et respecter, non de nous faire haïr ; elle serait odieuse et contraire à nos intérêts en employant les moyens de répression usités chez les noirs.

Il a été porté à ma connaissance que, dans plusieurs cercles, des administrateurs ont cru pouvoir intervenir et sévir même contre des indigènes ayant tenté pour leur compte de minuscules opérations commerciales avec des agents de factorerie et n'ayant peut-être pas apporté dans ces relations toute la probité désirable.

Cette intervention ne semble pas justifiée : les différends de cette nature ne tombent pas sous votre juridiction et vous devez vous borner à employer dans l'intérêt des parties les seuls moyens de persuasion.

Il devra en être de même lorsqu'il s'agira de dettes contractées par des indigènes à l'occasion d'opérations commerciales.

Vous voudrez bien m'accuser réception de la présente circulaire et en assurer la stricte observation.

Recevez, Messieurs, l'assurance de ma considération distinguée.

ROBERDEAU.

VIII

Circulaire à MM. les Administrateurs et Chefs de poste, concernant les prévenus dirigés sur Grand-Bassam sans être accompagnés de pièces d'instruction (1).

Le Gouverneur porte à la connaissance de MM. les Administrateurs et Chefs de poste le rap-

---

(1) *Journal officiel de la Côte d'Ivoire*, numéro du 19 novembre 1900.

port ci-dessous, émanant de M. le Juge de paix à compétence étendue et relatif aux prévenus dirigés sur Grand-Bassam sans être accompagnés de pièces d'instruction.

Il prie MM. les Officiers de police judiciaire, auxiliaires de M. le Juge de paix, de vouloir bien se conformer strictement aux instructions que renferme ce rapport.

Grand-Bassam, le 30 octobre 1900.

ROBERDEAU.

Grand-Bassam, le 20 octobre 1900.

Le Juge de paix à compétence étendue à M. le Gouverneur de la Côte d'Ivoire.

MONSIEUR LE GOUVERNEUR,

Il m'a été donné de constater, au cours de l'exercice de mes fonctions, que quelques administrateurs et chefs de poste dirigeaient les prévenus sur Grand-Bassam, en ne les faisant accompagner, comme pièce d'instruction, que d'une simple lettre, adressée au Juge de paix à compétence étendue ou au commissaire principal de police.

Cette manière de procéder, outre qu'elle ne me paraît pas s'harmoniser avec les obligations qui incombent aux auxiliaires de la justice, en résidence dans les centres éloignés du chef-lieu, présente des inconvénients sérieux — entre autres celui de rendre très difficile la tâche du juge de paix et de l'officier du ministère public, son collaborateur. Il est même arrivé que, faute d'éléments d'accusation suffisants et pour ne pas excéder les limites que non seulement les règles d'humanité, mais aussi l'esprit de notre législation, assignent à la durée de la prison préventive, j'ai dû classer purement et simplement des affaires qui m'étaient soumises.

Cet état de choses n'étant pas, à mon avis, compatible avec les principes d'une bonne administration de la justice, j'ai l'honneur de vous demander, Monsieur le Gouverneur, de bien vouloir renouveler à MM. les Administrateurs et Chefs de poste les instructions que vous leur avez adressées, le 8 novembre 1899, à la requête d'un de mes prédécesseurs, et les inviter à se conformer aux articles 24, 25 et 26 du décret du 16 décembre 1896, relatif à la réorganisation du service judiciaire dans la colonie.

Ces textes sont ainsi conçus :

ARTICLE 24

Les administrateurs, résidents et chefs de poste sont officiers de police judiciaire.

Ils peuvent procéder à l'arrestation du délinquant en cas de crime ou de flagrant délit.

ARTICLE 25

Toutes les fois qu'un indigène de leur ressort se sera rendu coupable d'un crime ou d'un délit nécessitant une instruction, ils pourront, sans attendre une réquisition du magistrat compétent, se livrer à cette instruction et détenir les prévenus pendant tout le temps de sa durée.

ARTICLE 26

L'instruction terminée, ils dirigeront, s'il y a lieu, le prévenu sur le tribunal correctionnel de Grand-Bassam, en le faisant accompagner des pièces de l'enquête.

S'ils jugent qu'il n'y a ni crime ni délit, ils mettront le prévenu en liberté, sans pouvoir pour cela rendre une ordonnance de non-lieu. Les pièces de l'instruction seront envoyées au juge de paix qui, suivant les circonstances, classera l'affaire, demandera un supplément d'enquête, prononcera le renvoi du prévenu devant le tribunal correctionnel ou en fera saisir le tribunal criminel.

Veuillez, Monsieur le Gouverneur, agréer l'hommage de mes sentiments les plus respectueux et dévoués.

Roger VILLAMUR

TABLE DES MATIÈRES

Paris et Limoges. — Impr. milit. Henri CHARLES-LAVAUZELLE.

Paris et Limoges. — Imprimerie militaire Henri CHARLES-LAVAUZELLE.

www.ingramcontent.com/pod-product-compliance
Ingram Content Group UK Ltd.
Pitfield, Milton Keynes, MK11 3LW, UK
UKHW022243120726
13694UKWH00003B/946